线装国学经典

鬼谷子全书

第一册

〔春秋〕鬼谷子 著
李楠 编译

图书在版编目（CIP）数据

鬼谷子全书/［春秋］鬼谷子著；李楠编译．—北京：北京工艺美术出版社，2019.1

（线装国学经典）

ISBN 978-7-5140-1587-4

Ⅰ．①鬼… Ⅱ．①鬼… ②李… Ⅲ．①纵横家 Ⅳ．①R228

中国版本图书馆CIP数据核字（2018）第212454号

出版人：陈高潮
责任编辑：张怀林
装帧设计：书心瞬意
责任印制：宋朝晖

鬼谷子全书

［春秋］鬼谷子 著 李楠 编译

出版 北京工艺美术出版社
发行 北京美联京工图书有限公司
地址 中国北京市朝阳区化工路甲18号 中国北京出版创意产业基地先导区
邮编 100124
电话 (010) 84255105（总编室）
(010) 64283630（编辑室）
(010) 64280045（发 行）
传真 (010) 64280045/84255105
网址 www.gmcbs.cn
经销 全国新华书店
印刷 三河市文通印刷包装有限公司
开本 889毫米×1194毫米 1/16
印张 40
版次 2019年1月第1版
印次 2019年1月第1次印刷
印数 1～3000
书号 ISBN 978-7-5140-1587-4
定价 380.00（全四册）

前言

鬼谷子是春秋战国之际纵横家的代表人物，先秦诸子之一。鬼谷子，姓王名诩，又名王禅，春秋时卫国朝歌人。因为他经常进入云梦山中采药，修炼道术，隐居在清溪之鬼谷，所以世人称他为『鬼谷子』。相传，苏秦与张仪都是鬼谷子的弟子，大军事家孙膑与庞涓亦同出于鬼谷子的门下。

《鬼谷子》一书是鬼谷子的后学者根据其言论整理而成的，内容十分丰富，涉及政治、军事、外交等领域，主要讲的是攻守谋略的理论。纵横家所崇尚的是权谋策略及言谈辩论之技巧，其指导思想与儒家所推崇之仁义道德大相径庭。《鬼谷子》一书，历来被人们称为『智慧之禁果，旷世之奇书』，它在中国传统文化中独具特色，是乱世之慧说，乱世之哲学。它的哲学是实用主义的，讲求名利与进取，是一种讲求行动的实践哲学，其方法论是顺应时势，知权善变。因为千百年来，中国一直以儒家思想为正统，所以鬼谷子的学说没有得到后人应有的重视。因此，历代学者对《鬼谷子》一书推崇者甚少，讥诋者极多。

其实，《鬼谷子》一书并非等闲之书，它一直为中国古代军事家、政治家和外交家所研究，现又成为当代商家的必备之书。它所揭示的智谋权术的各类表现形式，被广泛运用于内政、外交、战争、经贸及公关等领域，其思想深深影响今人，享誉海内外。

《鬼谷子》这部两千多年前的谋略学巨著，是中国传统文化中的奇葩，我们后人在深入剖析《鬼谷子》的智慧谋略的同时，本着批判地继承的原则，去其阿谀奉承等封建糟粕，汲取其善于处理人际关系的精华；

去其弄权斗术等封建糟粕，汲取其谋略方法的精华。这样，我们就不会囿于古书，而能将优秀的祖国文化遗产为己所用，发扬光大。如果说《孙子兵法》侧重于总体战略，《鬼谷子》则专注于具体技巧，两者相辅相成，不相上下。

我们的使命是在继承经典的基础上，以历史典籍为依据，仔细考察历史事实，从春秋战国时代直到明清之间，在这数千年的历史长河中，寻找惊心动魄的历史画面，从浩如烟海的历史人物长廊中，选取那些有代表性的人物，分析他们的成功与失败，为鬼谷子的智慧找到有力的佐证，并将鬼谷子纵横捭阖的人生智慧运用到具体的生活中去，让中国古人思想的光芒熠熠闪耀于后世的天空。

目录

第一册

第一章 捭阖第一

鬼谷智囊

第二章 反应第二

鬼谷智囊

第三章 内揵第三

第二册

第四章 抵巇第四

第五章　飞钳第五

鬼谷智囊

第六章　忤合第六

鬼谷智囊

第三册

第七章　揣篇第七

鬼谷智囊

第八章　摩篇第八

鬼谷智囊

第九章　权篇第九

鬼谷智囊

第四册

第十章 谋篇第十

鬼谷智囊

第十一章　决篇第十一

鬼谷智囊

第十二章 符言第十二

鬼谷智囊

第一章 捭①阖②第一

【阅读提示】

一、圣人是大道的体现者，是群众的引导者，他们最能够掌握阴阳捭阖之道。

二、圣人利用捭阖之道来发现人才，使用人才。

三、告诉人们怎样运用捭阖之道，让别人接受你的观点。

四、实行捭阖之术，必须懂得取舍。

五、采取捭阖手段，必须针对不同的对象，采取不同的方法。

粤若稽古③，圣人之在天地间也，为众生之先④。观阴阳⑤之开阖以命物⑥，知存亡之门户⑦，筹策⑧万类⑨之终始，达人心之理，见变化之朕⑩焉，而守司⑪其门户。故圣人之在天下也，自古之今，其道一也⑫。变化无穷，各有所归⑬：或阴或阳，或柔或刚，或开或闭，或弛或张。是故圣人一守司其门户，审察其所先后⑭，度权量能，校其伎巧短长。

①捭：开的意思，敞开心怀积极行动，采取攻势，或接受外部事物及他人的主张和建议。

②阖：闭的意思，关闭心扉，把外来的事物化为自己的事物，或不让外来事物进入，取封闭形态。

③粤若稽古：粤若，语助词。稽，考察。意为按着一定的规律考察历史。

④先：先知先觉，此意指尊者、指导者、先驱者。

⑤阴阳：《易经》上的用语，指创造宇宙空间万物对应的两种气，代表世界对立而统一的性质及由此形成的万事万物。阳意味春、光、君、男性，是积极的行动；阴意味秋、夜、暗、臣、女性，是消极的行动。

⑥观阴阳之开阖以命物：观察阴阳的变化来辨别事物。

⑦存亡之门户：明晓生死之理。

⑧筹策：计算策划。

⑨万类：万事万物。

⑩朕：指征兆、迹象。

⑪守司：看守并加以管理，以便救亡图存。

⑫其道一也：大自然的规律，圣人的道理是同一个。

⑬各有所归：世间一切事物各有归宿。

⑭审察其所先后：应该先做的事情应居先，应该后做的事物就居后，一切都应该调查判定。

夫贤、不肖、智、愚、勇、怯，有差，乃可捭，乃可阖，乃可进，乃可退，乃可贱，乃可贵，无为以牧[1]之。审定有无，以其实[2]虚，随其嗜欲，以见其志意。微排其言，而捭反之，以求其实，实得其指[3]；阖而捭之[4]，以求其利[5]。或开而示之，或阖而闭之[6]。开而示之者，同其情也；阖而闭之者，异其诚也。可与不可，明审其计谋，以原其同异[7]。离合[8]有守[9]，先从其志。

①牧：看守，管理。

②实：实情。

③指：意同宗旨。

④阖而捭之：假如明白实情，就应自行闭藏或开启。

⑤以求其利：研讨对方所说的善恶利害。

⑥或开而示之，或阖而闭之：或者开放使事物显现，或者封闭使事物隐藏。

⑦以原其同异：探讨事物相同与不同的特点、性质。

⑧离合：离，不一致；合，一致。

⑨有守：确立自己的观点而信守之。

即欲捭之，贵周①，即欲阖之，贵密。周密之贵微②，而与道相追③。捭之者，料其情④也；阖之者，结其诚⑤也。皆见其权衡轻重⑥，乃为之度数⑦，圣人因而为之虑。其不中权衡度数，圣人因而自为之虑⑧。故捭者，或捭而出之，或捭而纳之；阖者，或阖而取之，或阖而去之。捭阖者，天地之道。捭阖者，以变动阴阳，四时开闭，以化万物⑨。纵横⑩反出、反覆⑪反忤，必由此⑫矣。

①即欲捭之，贵周：周，不遗漏。要行动时，必须做周密的考虑。

②贵微：贵在微妙。

③而与道相追：合乎道之理，与真理相贴近。

④料其情：检验实情的真伪。

⑤结其诚：结，坚定，使诚意更加坚定。

⑥权衡轻重：衡量比较事物的轻和重。

⑦为之度数：测量重量和长度的数值。

⑧衡度数，圣人因而自为之虑：如果不合一般事物的规律，圣人就继续为之考虑，并加以引导。

⑨以化万物：就像春夏秋冬，万物均存在变化一样。

⑩纵横：上下左右各种各样的变化。

⑪反覆：翻过来，倒过去。

⑫由此：根据捭阖原则。

捭阖者，道之大化，说之变①也；必豫审其变化，吉凶大命系焉。口者，心之门户也；心者，神之主也。志意、喜欲、思虑、智谋，此皆由门户出入，故关之以捭阖，制之以出入。捭之者，开也、言也、阳也；阖之者，闭也，默也、阴也。阴阳其和，终始其义②。故言『长生』『安乐』『富贵』『尊荣』『显名』『爱好』『财利』『得意』『喜欲』，为阳，曰『始』。故言『死亡』『忧患』『贫贱』『苦辱』『弃损』『亡利』『失意』『有害』『刑戮』『诛罚』，为阴，曰『终』。诸言③法阳之类者，皆曰『始』，言善以始其事；

诸言法阴之类者，皆曰『终』，言恶以终其谋。

①道之大化，说之变：大化，变化。『说之变』，指游说原则并主张灵活运用。

②终始其义：万物始终保持着阴阳变化之理。

③诸言：各种言论。

捭阖之道，以阴阳试之①，故与阳言者，依崇高②，与阴言者，依卑小。以下求小，以高求大。由此言之，无所不出，无所不入，无所不可③。可以说人，可以说家，可以说国，可以说天下。为小无内，为大无外。益损、去就、倍反，皆以阴阳御其事。阳动而行，阴止而藏；阳动而出，阴随而入。阳还终始，阴极反阳④。以阳动者，德相生也；以阴静者，形相成也。以阳求阴，苞以德也；以阴结阳，施以力也。阴阳相求，由捭阖也。此天地阴阳之道，而说人之法也，为万事之先，是谓『圆方之门户』。

①以阴阳试之：或开放或闭藏，都以阴阳之道试行。

②故与阳言者，依崇高：和情之阳者交谈时，就谈论崇高的话题并对之加以试行。

③无所不可：任何地方、任何场合都没有什么不可以的。

④阳还终始，阴极反阳：意为阴阳运行，彼此相生，互相转化。

【译文】

纵观古今历史，可以感悟到，圣人生活在天地间就是做大众的指导者。通过观察阴阳变化来对事物做出推测、判断，并进一步把握事物的存亡之理。测算万物的发展变化过程，通晓人类思维的规律，揭示事物变化的预兆，从而控制事物发展变化的关键所在。所以，圣人在世界上始终是奉守与大自然阴阳一体的变化规律，并以此驾驭万物的。事物的变化虽然非常难测，然而都各有自己的归宿：或者属阴，或者归阳，或者柔弱，或者刚强；或者开放，或者封闭；或者松弛，或者紧张。所以，圣人要始终把握万物发展变化的关键。周密地审察它的变化规律，揣度它的变化情况，测量它的能力大小，再比较技巧方面的孰优孰劣。

至于贤良和不肖、智慧和愚蠢、勇敢和怯懦，都是有区别的。所有这些，可以开放，也可以封闭；可以晋升，也可以辞退；可以轻视，也可以敬重，都要仰仗自然之道来统领它们。审察它们的有无与虚实，通过对它们嗜好和欲望的分析来揭出它们的意愿，适当贬抑对方所要表达的思想。开放的办法是相反的，通过反复考察，以便勘察实情，切实把握对方言行的实质，让对方先封闭而后开放，以便寻求有利时机。开放时使之显现；封闭时使之隐藏。开放使其显现，是因为与对方情感一致；封闭使之隐藏，是因为与对方诚意不同。至于什么可行、什么不可行，就要把那些计谋研究清楚，要明白对方的计谋有与自己不同之处，也有与自己相同的，必须有主见，同时要注意按照对方的思想意愿，区别对待。无论意见与对方相同或相左都要先顺从对方的意愿。

如果要开放，最重要的是考虑周详；如果要封闭，最重要的是处事缜密。周密最重要的是要精细，要合乎事物发展规律。让对方放开，是为了侦察他的真情；让对方封闭，是为了坚定他的诚心。所有这些都是为了让对方的实力和计谋全部暴露出来，以便探测出对方在各方面的实力和表现。圣人要为此而用心思索，假如不能探测出对方现有实力的程度和数量，圣人会为此而焦虑。因此，所谓开放，或者是要自己出去；或者是让别人进来。所谓封闭，或者是通过封闭自我约束；或者是通过封闭使他人离开。开放与封闭是世界上各种事物发展变化的规律。开放和封闭都是为了使事物阴阳对立的各方面发生变化，一年四季始行、终结促使万物发生变化。由此可知万物变化莫测，无论是离开、归复、反抗，都必须通过开放或封闭来实现。

开放和封闭，是万物运行的现象，是游说活动的一种形态。人们必顺首先慎重地观察万物变化，事情的吉凶，人们的命运都维系于此。口是心灵的门窗，心是精神的主宰。意志情欲、思想和智谋都要由口出入。因此，用开放和封闭法来把守这个关口，以控制出入。所谓『捭之』，就是使之开放、发言、公开；所谓『阖之』，就是使之封闭、缄默、隐匿。阴阳两方相谐调，开放与封闭才能有节度，才能善始善终。所以说长生、安乐、富贵、尊荣、显名、嗜好、财货、得意、情欲等，属于『阳』的一类事物，叫作『开始』。而死亡、忧患、贫贱、羞辱、毁弃、损伤、失意、灾害、刑戮、诛罚等，属于『阴』的一类事物，叫作『终止』。凡是那些遵循『阳道』的一派，都可以称为『新生派』，与它们以谈论『善』来开始游说；凡是那些遵循『阴道』的一派，都可以称为『没落派』，与它们以谈论『恶』来终止施展计谋。

关于开放和封闭的规律都要从阴阳两方面来试验。因此，给从阳的方面来游说的人，按崇高的原则加以引导，而给从阴的方面来游说的人，则按卑下的原则引导对方。用卑下来求索微小，以崇高来求索博大。由此看来，没有什么不能出去，没有什么不能进来，没有什么办不成的事情。用这个道理可以游说人，可以游说家，可以游说国，可以游说天下。要做小事，要进入无限微妙的境界——阴；要做大事，要进入无限广大的境界——阳。所有的损害和有益，远离和接近，背叛和归附等等行为，都是在阴、阳的变化中运行的。阳的方面，运动前进；阴的方面，静止、隐藏。阳的方面，活动显示；阴的方面，随行潜入。阳的方面，环行于终点，开端是阴；阴的方面，到了极点就反归为阳。凭『阳道』而运动者，在活跃中道德就会与之相生；以『阴道』而运动者，在安静中，有力相助，自成形势。所以，用『阳』来求得『阴』，就要用道德来包容；用『阴』来求得『阳』，就要施展力量。『阳君』与『阴臣』相互追求，就是遵循『捭阖』之理。这就是天下的大道理——阴阳之道，也是向他人游说的基本方法。捭阖阴阳之道，是万事万物的根本道理，是天地之间解决万事万物的关键所在。

鬼谷智囊

一、从奴隶到宰相的伊尹

伊尹出生在伊水之畔，他的来历也颇具传奇色彩。相传，伊尹的母亲叫始朵，有一次，始朵梦见神仙告诉她：『如果舂米的臼中出水，你要马上不顾一切地向东走。』

第二天早晨，始朵果然看见了舂米的臼中出水，然后她就按照梦中神仙告诉的那样，一直向东走，她走了很远的时候，回头一看，发现自己原来居住的村庄已经被洪水淹没。就在始朵惊讶的一刹那，她已经变成了一棵空心的桑树。

伊水之东就是有莘氏的国家，一位采桑的女子在这棵空心的桑树下面发现了一个男婴，就把他抱回来交给了国君。国君就把这个孩子交给厨师去抚养。

伊尹在有莘氏部落长大，他虽然出身低微，起名为伊尹，但却肯动脑筋，有志气有抱负，注意研究三皇五帝、大禹等英明君王的施政之道，对当时社会有着深刻的观察分析。

后来，商汤与有莘氏通婚，伊尹作为有莘氏的陪嫁奴隶，做了汤的厨师。伊尹见商汤是个贤德的君主，就希望得到商汤的重视，于是，他在做饭的时候，故意把菜做得很咸，有时候，又故意把菜炒煳。商汤实在忍无可忍，就找来厨师伊尹质问，问他为什么会把饭菜做得如此糟糕。

伊尹借商汤向他询问饭菜的事的机会，趁机进言说：『做菜既不能太咸，也不能太淡，要调好作料才行；治国如同做菜，既不能操之过急，也不能松弛懈怠，只有恰到好处，才能把事情办好。』

商汤听了，很受启发，便产生重用伊尹之意。但伊尹却认为自己出身卑微，不肯在朝中做官。这时候，夏朝的统治者夏桀奢侈荒淫，是一个杀人如麻的暴君。商汤看到桀把国家弄到危亡的境地，深感不安，决定把贤才伊尹推荐给夏桀，劝说他改恶从善，即使夏桀不听劝谏，伊尹也可以摸清夏朝底细，为自己下一步灭夏做好准备。

但是要重用一个奴隶，会受到很多阻力，商汤说服了自己的臣属和奴隶主，派出使者带着礼品去请伊尹，并把伊尹推荐给夏桀。

夏桀见到伊尹，根本不予理睬。但是伊尹并不在乎，他在夏期间，仔细考察了朝廷的内部情况，留心夏朝军队的部署，为商汤伐桀做好了准备。

商汤看到夏桀不重用伊尹，就请他重回亳邑，正式拜为右相，授予国政。伊尹辅佐商汤大力发展农耕，铸造兵器，训练军队，使商的国力进一步加强。

商一天天地富强起来，夏桀心中也有些害怕，就听信佞臣赵梁的奸计，假意招商汤来朝议事，趁机扣押商汤，囚禁于夏台。

消息传到商，群臣惊慌失措，举国上下都很着急，这时候幸亏有伊尹主持商的大局。伊尹知道，夏桀是个酒色之徒，便派人搜罗珍宝和美女进献夏桀，又暗中贿赂夏桀宠信的近臣赵梁，使汤得以安全回商。

汤回到商地，按照伊尹的计划，先灭掉葛国，吞并了夏的十几个小附属国和部落，又进而灭掉了韦（今河南滑东）、顾（今鄄城县旧城镇）、昆吾（今河南许昌东）。这样就使以亳邑为中心，方圆数百里的广大地区，成为商汤的根据地。此时，夏桀已岌岌可危，成为众矢之的。伊尹见时机成熟便劝汤发兵讨伐夏桀。

商汤联合诸侯兴师讨伐夏桀，夏王朝的国民吃尽了夏桀的苦头，早已是苦不堪言，听说商军来攻，纷纷欢呼雀跃积极响应，商军很快逼近了夏都，双方在鸣条（今河南开封封丘东）展开大战。商军在商汤『讨伐暴君，为民除害』的号召下，势如破竹，不可阻挡，而夏的兵将不愿再为暴虐的夏桀卖命，因此失去了战斗力，一触即溃。

夏桀大败，最后他带着妻子妹喜逃出重围，乘上一只小船渡江到南巢（今安徽省巢县），最后故于此地。

商军攻入夏都，汤建立了商王朝。商朝建立了国家之后，伊尹辅佐汤王制定并健全了国家制度，使官吏尽心尽力为国家效劳，否则就要受到责罚，甚至罚做奴隶。他注意体察民情，吸取夏桀灭亡的教训，注意发展经济，重视农业生产，因此深受民众爱戴。商朝初期政治安定，经济繁荣，虽然遇到了长达七年的大旱，但民众对国君汤、伊尹都很信服。

商汤死后，伊尹又先后辅佐汤的三个子孙卜丙、仲壬、太甲继任商王。

《史记》上有这样的记述：太甲继承了王位以后，伊尹更是尽心尽职，教育太甲怎样做个贤德的君王，如何分辨是非，如何治理国家；还给他讲商汤时的法律制度，教育太甲按祖宗的规矩办事，并给他讲历史上贤君的故事。太甲起初还能听从，时间久了，就有些不以为然了。他无视法规制度，一意孤行，伊尹多次规劝，太甲根本听不进去。伊尹以国家利益为重，决定把太甲送到汤墓附近的桐宫桑林去住，让他反思自己的行为，商的一切国政仍由伊尹办理。

太甲住在桐宫，享用游乐当然都没有了，不再是可以任意享乐的商朝帝王，而是一个行动不自由的人。他回想做王时何等快乐荣华，现在弄到这般境况，不觉悲从中来，后悔自己当初没有听从伊尹的劝告，勤劳节俭，守法爱民，如今已是懊悔不及。

太甲在汤王墓地住了三年，伊尹知道太甲确实变好了，便亲自携带商王的冠冕衣服，到桐宫迎接太甲复返商都，再登王位。太甲接受了上次的教训，勤政修德，体察民情，按章办事，把商朝治理得繁荣昌盛，各诸侯国均来朝拜，不敢作乱，老百姓也生活安定。伊尹又写了《太尹训》三篇，褒奖太甲施行的德政，称太甲为太宗。

【品读】

伊尹出身奴隶，但是，正是这个出身卑微的伊尹辅佐商汤起兵伐桀，建立了商朝，成为我国奴隶社会唯一的奴隶出身的圣人宰相。

伊尹当了三代商朝相国，为商王朝延续六百年的统治奠定了坚实的基础，伊尹活了一百多岁，成为我国历史上第一个贤能的圣人相国。能够把握自己的命运，及时抓住机会，为自己找到展示才能的舞台是伊尹立业的无上法宝。当然，这其中也包含着捭阖的道理，身份低微的时候韬光养晦，当他认为自己的时机来临的时候，当仁不让，故意引起帝王的注意，在历史的舞台上尽情地展示出自己的才华，成为中国有史以来，从奴隶入朝拜相的第一人。

二、隐忍仇恨的周文王

商朝末年，武乙继承了王位。武乙是一个荒唐的帝王，不敬天地鬼神。周侯季历击败了鬼戎，捷报传来，武乙大喜，他带领一队人马向西巡猎，表示庆祝。有一天，武乙在打猎的途中，突然遇到了雷雨，武乙被雷击殒命。

武乙死后，他的儿子文丁继承了王位。周侯一如既往来向商朝的天子朝贡。周侯季历前来献贡，文丁表面上非常高兴，给了季历非常丰厚的赏赐，但是他的内心非常恐惧，他害怕周侯的势力越来越强大，如果任其发展，总有一天会威胁到商朝的江山。于是，他就在季历准备回国的时候，突然下令把季历押入『塞库』，囚禁起来。

季历无辜而被囚禁，悲愤交加，忧郁而死。季历死后，其子姬昌继位，他就是日后著名的周文王。

姬昌即位后，时刻准备为父亲报仇，但是，当时商朝的势力还非常强大，他还不具备贸然发动对商战争的能力，只能继续保持对商王朝的臣服。

这时候，商朝的国君文丁已经死了，他的儿子帝乙继承了王位。为了修复跟周侯的关系，帝乙将自己的妹妹嫁给了姬昌，封姬昌为西伯。通过两家的联姻，商朝和周侯的关系有所缓和。

帝乙死后，他的儿子即位，号『帝辛』，也就是后来在历史上臭名昭著的商纣王。纣王即位后，整日沉迷于肉林酒池之中，过着荒淫无耻的奢靡生活，同时，为了镇压人民的反抗，还创造出种种令人发指的残酷刑法。

姬昌来到朝歌参见商纣王，看到这些人间的惨景之后，只能暗自悲叹，没有想到，姬昌悲叹的样子被商纣王的手下看到了，将这个事情报告了纣王，商纣王怕西伯造反，就下令把姬昌囚禁起来。

西伯被囚禁之后，他的朋友们到处搜集珍奇的珠宝、美女和宝马送给纣王，纣王这才把姬昌释放了。姬昌回到故土之后，一方面继续保持对商纣王的谦卑，向商王朝朝贡，另外一方面暗中积聚力量，寻访贤才，为推翻残暴的商王朝积蓄力量。

据传，在姬昌寻访贤人的途中，有一天，在渭水南岸看到一位气宇不凡的白发老者在钓鱼，令人惊奇的是，老者的鱼钩居然是直的。文王很奇怪，于是就与这位老者攀谈起来。老者说他钓鱼的原则是愿者上钩。姬昌觉得他出口不凡，一定不是寻常之辈。于是，向他求教治国的方略，这位老者果然对治国之道有着精辟的见解。姬昌大喜过望，就把老者请上了车，一同回到都城。

老者姓姜名尚，字子牙，人称姜太公。在姜太公的辅佐之下，姬昌开始『内圣外王』的大业，为周朝的立国奠定了基础。

姬昌是很有作为的创业君主，勤于政事，重视发展农业生产，礼贤下士，广罗人才，他在位五十年，主要功绩是为灭商做好了充分的准备，史称周文王，特别值得一提的是，周文王演绎的八卦一直流传至今。

【品读】

周文王不是一个传说中的人物，而是一个有着实实在在的史实记录的华夏民族的缔造者，周文王的功绩在于他时刻都注重保持统治者的道德修养，他认为，统治者要获得或保持天命，就必须努力增强自己『德』的修养，懂得民众是立国之本的道理。他在处于弱势的时候懂得藏锋，一方面对商朝的君王保持谦卑的态度，一方面暗中积聚力量，一捭一阖，正好暗合阴阳之道。

三、管仲的用人之道

春秋时期，齐桓公拜管仲为相，君臣同心，励精图治，对内整顿朝政，例行改革，对外尊王攘夷，存亡继绝，终于九合诸侯，一匡天下，成就了春秋五霸之首的伟业。

霸业的取得与桓公的开明和管仲的谋略是密不可分的，但还有一个重要原因就是起用了一批各有所长、尽忠职守的出色人才。其中最具代表性的便是『桓管五杰』。

早在齐桓公不记一箭之仇，欲拜管仲为相时，管仲便提出：『建成大厦，决不能单凭一根木材；汇成大海也决不能仅靠几条涓涓细流。君欲成就大业必须任用五杰——举动讲规范、进退合礼节、言辞刚柔相济，我不如隰朋，请任命他为大司行，负责外交；开荒建城、垦地蓄粮、增加人口，我不如宁戚，请任命他为大司田，掌管农业生产；在广阔的原野上使战车不乱、兵士不退，擂鼓指挥将士视死如归，我不如王子城父，请任命他为大司马，统帅三军；能够断案合理公道，不杀无辜者，不诬无罪者，我不如宾胥无，请任命他为大司理，负责司法刑律；敢于犯颜直谏，不避死亡，不图富贵，我不如东郭牙，请任命他为大谏之臣主管监察谏议。想要富国强兵，这五位就足够了，想要成就霸王之业，还要有我管仲在这里。』

桓公听从管仲建议，令五人各掌其事，并拜管仲为相，组成了强有力的领导集团。后来的事实证明这个领导集团决策英明，深得人民拥护。史书中王子城父和宾胥无的记载十分有限，因而除了从管仲的分析评价中对他们的性格特点窥得一斑外，我们对他们的生平事迹知之甚少。而隰朋与宁戚则于史有载，留下了鲜活的人物形象。

隰朋是齐庄公的曾孙，出生于贵族世家，自幼就接受了良好的教育，知书达理，聪敏大方。再加上他的口才很好，又周到细致，尤为擅长待人接物。管仲正是根据隰朋的这一特长，建议桓公任命他为『大行』，即外交大臣，这是非常重要的一职。当时，周室衰微，天下纷乱，齐国欲称霸就必须担当起尊王攘夷的重任，赢得周王朝的信赖，并在各诸侯国中树立起自己的威信。因此，齐国的对外政策、外交活动的成功与否对霸业的取得起着决定性的作用。隰朋十分胜任『大行』之职，成为春秋时期著名的外交大臣。

隰朋对齐国外交政策的制定提出了很多好的建议，桓公也十分尊重他的意见，曾对管仲、隰朋二人言道：『孤之闻二子之言也，耳加聪而视加明。』（《管子·戒》）隰朋在齐国的外交方面还做了大量实际性的工作，贡献巨大，最令人称道的是平晋之乱。

公元前651年，齐桓公召集葵丘之会后不久，晋国发生内乱，隰朋统率诸侯联军平定晋国之乱，与秦穆公之军共纳晋公子夷吾于国，是为晋惠公。还代表齐国主持了晋国与戎狄之间的谈判，以抵御威胁中原的外来侵迫。他又会合诸侯筑城于缘陵，把备受荆楚淮夷侵迫的杞国迁至那里安置。这些都充分显示了齐国的实力与作用，巩固了它的霸主地位。

对隰朋最了解，因而对他的评价也最全面公允的莫过于管仲。据《管子·戒》记载，管仲病重，桓公前去探视，询问万一其病不治，谁是接替相职的最佳人选。

管仲答道：『隰朋可以，隰朋的为人，眼光远大而能虚心下问。以善胜人，不一定能服人；以善陶冶人，没有不服之人。对于国政该不管的不管，对于家事不必知的不知，这只有隰朋能够做到。且隰朋的为人，在家不忘公务，在公门不忘家事；事君无二心，也不忘自身；用齐国的货币救济过路的难民，受惠者却不知道是他做的。隰朋是大仁大德之人。』『我认为能根据变化的形势与百姓共荣辱，然后能使国家长治久安的，还是隰朋啊。』

【品读】

正是因为桓管之时，齐国能够不拘一格选贤任能，并知人善任，注意用其所长，使其各司其职，一大批出色的人才有了施展抱负的舞台和发挥才华的岗位，终于促使齐国出现了君明臣贤、国强民富的兴盛局面，为开创赫赫首霸伟业奠定了坚实的基础。正是因为他们君臣都能够通过『捭阖』的『自然之道』来考察每个人的能力，同时发现每个人的优点和长处并善加利用，所以才会有后来齐国国力强大、蒸蒸日上的局面。

四、赵氏孤儿

晋成公去世后，其子继位为晋景公。这时候赵盾已经去世了，他的儿子赵朔继承了爵位。赵盾在时埋下的隐患这时突然爆发了，晋灵公时的宠臣屠岸贾做了司寇，主管司法，开始追究起诛杀晋灵公的旧案。屠岸贾凶暴残忍，在他的怂恿下，晋国国君下令：抄斩赵氏满门。一夜之间，赵盾的儿子赵朔、家属、奴婢等共计三百余口同时遭难。赵朔的夫人庄姬公主，因为是晋成公的姐姐，所以幸免于难。当时，他的肚子里正怀着孩子，躲在宫中藏匿起来。

赵朔有个门客叫公孙杵臼，还有一个好友叫程婴。赵朔死后，两个人聚到了一起。公孙杵臼质问程婴：『你为什么偷生？』

程婴说：『赵朔之妻正在怀孕，若生下来是个男的，就把他抚养成人，报仇雪恨；若是个女的，我就彻底失望了，只好以死报答赵氏知遇之恩。』

不久，赵朔的妻子就分娩了，在宫中生下个男孩，取名赵武。屠岸贾听说之后，带人到宫中来搜索，没有找到赵氏母子的藏身之处。母子俩逃脱这次劫难后，程婴对公孙杵臼说：『屠岸贾这次没找到孩子，绝对不会罢休。你看怎么办？』

公孙杵臼问：『育孤和死，哪件事更容易？』

程婴回答：『当然是死容易，育孤之事最难。』

公孙杵臼说：『赵君生前待你最好，你去做最难的事情。让我去做容易的事情，我先去死吧！』

恰好程婴家中也有一个正在襁褓中的婴儿，程婴含泪采取了调包之计，将自己的孩子抱上，与公孙杵臼一齐逃到了永济境内的首阳山中，让妻子带着赵氏孤儿朝另一个方向逃去。屠岸贾闻之，率师来追。程婴无奈只好从山中出来说：『程婴不肖，无法保住赵氏孤儿。孩子反正也是死，屠岸将军如能付我千金，我就告诉你孩子的藏身之处。』屠岸贾答应了。程婴领路，终于找到隐匿在山中的公孙杵臼和婴儿。

公孙杵臼当着众人的面，大骂程婴，他一边骂一边佯装乞求：『杀我可以，孩子是无辜的，请留下他一条活命吧！』众人当然不允。程婴眼睁睁地看着亲生儿子和好友公孙杵臼死在乱刀之下。

程婴身负忘恩负义、出卖朋友、残害忠良的『骂名』，偷出赵氏孤儿来到了僻静荒芜的深山中隐居起来。这一隐居就是十五年，就在这片人迹罕至的深山中，经常出现一老一少的身影，在这十五年里，赵氏孤儿终于长成了顶天立地的男子汉，他就是赵武。

苍天不负有心人，程婴与赵武，在朝中韩厥的帮助下，里应外合，灭掉了权臣屠岸贾。赵氏冤情大白于天下，程婴忍辱负重，公孙杵臼的忠烈义举也被天下人称颂。当真相大白之后，忍受了十数年丧子之痛的程婴自刎而死，赵武为他服孝三年。

【品读】

晋灵公前后，赵国的士大夫阶层开始了几次大规模的屠杀，先是屠岸贾灭赵，后来，赵氏又灭了屠岸贾。这两次大规模的士大夫阶层的杀戮，是庞大的晋国很快被三大家族瓜分为赵、魏、韩三个国家的关键点。鬼谷子认为，一个国家的衰败，基本上是由于不守捭阖之道所致，庞大的晋国被三大家族瓜分并不是没有预兆的，这个危险的信号来自晋灵公，先是君王不尊重、体恤国家重臣，不以天下为重，行事孟浪，在导致矛盾激化后又不能有理有节地惩戒有过错者，团结其他重臣，而是指使恶吏轻易灭掉一个重臣的整个家族。由此导致其他重臣人人自危，竞相强化家族实力，百般笼络人心，凡事以家族利益为重。整个晋国的利益格局因此发生了彻底的变化。由此可见，一个政权的稳定，是以阴阳和谐为基础的，一个国家的灭亡，最初的先兆也来自阴阳失和。

五、孙膑复仇

孙膑和庞涓少年时代拜鬼谷子先生为师，一起学习兵法。同学期间，两人情谊甚厚，并结拜为兄弟，孙膑稍年长，为兄，庞涓为弟。

有一年，当庞涓听到魏国国君以优厚待遇招求天下贤才到魏国做将相时，他再也耐不住深山学艺的艰苦与寂寞，决定下山，谋求富贵。孙膑则觉得自己学业尚未精熟，还想进一步深造；同时也舍不得离开恩师鬼谷子，就表示先不出山。于是，庞涓一个人先走了。临行前，对孙膑说：『我们弟兄有八拜之交，情同手足。这一去，如果我能获得魏国重用，一定迎接孙兄，共同建功立业，也不枉来一回人世。』两人紧握双手，洒泪而别。

庞涓到了魏国，见到魏王。魏王考验他治国安邦、统兵打仗等方面的才能及见识。庞涓倾尽胸中所有，滔滔不绝地讲了很长时间，并保证说：『若用我为大将，则六国就可以在我的把握之中，我可以随心所欲统兵横行天下，战必胜，攻必克，魏国则必成为七国之首，乃至最终兼并其余六国！』

魏王听了，很是兴奋，便任命他为元帅，执掌魏国兵权。庞涓确有本领，不久便侵入魏国周围的诸侯小国，连连得胜，使宋、鲁、卫、郑的国君纷纷来到魏国朝贺，表示归属。不仅如此，庞涓还领兵打败了当时相当强大的齐国军队，这一仗更提高了他的声威与地位，魏国君臣百姓，都十分崇拜他。而庞涓自己也认为他为魏国建立了盖世奇功，不时地向人夸耀。

这期间，孙膑仍在山中跟随先生学习。他原来就比庞涓学得扎实，加上鬼谷先生见他为人诚恳正派，又把秘不传人的孙武子兵法十三篇细细地让他学习、领会，因此，孙膑此刻的才能已经远远超过庞涓了。

有一天，从山下来了魏国大臣，礼节周全、礼物丰厚，代表魏王迎接孙膑下山。于是，孙膑秉承师命，随魏国使臣下山。其实，请孙膑到魏国，并非出于庞涓的推荐；而是一个了解孙膑才能的人向魏王讲述后，魏王自己决定的。

孙膑到魏国之后，先去看望庞涓，并住在他的府里。庞涓表面表示欢迎，但心里很是不安，唯恐孙膑抢走他在魏国一人独尊的位置。又得知自己下山后，孙膑在鬼谷先生教诲下，学问才能更高于从前，心里十分嫉妒。

第二天两人上朝。魏王对孙膑很是敬重：『听说先生独得孙武子秘传兵法，才能非凡。我盼您来，几乎到了如饥似渴的程度。今天您终于来到敝国，我太高兴啦！』接着又问庞涓：『我想封孙膑先生为副军师，与卿同掌兵权，卿以为如何？』

庞涓最害怕的就是这种情况，但是他表面上却说：『臣与孙膑，同窗结义，孙膑是臣的兄长，怎么能屈居副职，在我之下？不如先拜为客卿，待建立功绩、获得国人尊敬后，直接封为军师。那时，我愿让位，甘居孙兄之下。』魏王听了很满意，便同意了庞涓的建议。

其实，这不过是庞涓防范孙膑与他争权的计谋：客卿，半为宾客，半为臣属，不算真正的魏臣——自然没有实权，只不过空享一种较高的礼遇而已。从此孙膑与庞涓朝夕相处。两人谈论兵法，庞涓时时因学识粗浅而无话可答，而孙膑却诚心诚意地为他讲解介绍。

有一天，魏王要试验一下孙膑的才能，就在演武场，让孙、庞二人表演阵法。庞涓之阵，孙膑一眼就能看懂，并指出如何攻破。而孙膑排成一阵，庞涓却茫然不识。为怕失面子，忙偷偷去问孙膑，孙膑一五一十告诉了他。庞涓听罢，赶忙走到魏王面前讲：『这叫八门阵，又可以中途变为长蛇阵。』

待孙膑布置完毕来到魏王面前，所回答的自然与刚才庞涓所说的一样。魏王十分高兴：『两卿才能并称杰出，真是魏国之大幸！』但庞涓经过这事，便有了一种危机感。于是暗中下定决心：『必须除掉孙膑！』

为了达到他的目的，庞涓在一次私下聚谈时，问：『吾兄宗族都在齐国，现在我们二人已在魏国为官，为什么不把兄长家属宗族也接来一起享福呢？』

孙膑一听，掉下泪来：『天灾战乱，我家亲属宗族早已消亡殆尽了。当年，我被放在一户人家当佣工，叔叔、堂兄也不知去向了！再后来我单身师从鬼谷先生，已多年没跟故乡的亲人联络，连仅有的叔叔和堂兄也恐怕早已不在人间了吧！』

庞涓又进一步故意问道：『兄长就不想念故乡的亲人吗？』孙膑伤感地说：『人非草木，谁能忘本？只是现在既已做了魏臣，这事就不必再提起了吧。』孙膑是齐国人，而齐魏两国一直敌对，所以孙膑只有隐忍思乡之情。半年之后，孙膑早把这次谈话忘记了。

有一天，忽然有一个山东口音的汉子来找他。那人自报家门说自己叫丁乙，是齐国人，有孙膑堂兄孙平的书信带来。孙膑连忙接过书信。信中以孙平的口气，讲述了兄弟情谊，告诉了叔叔已去世。堂兄两人已回到齐国，希望孙膑也回到故乡，把几近消亡的孙氏家族重新建立起来。信中语气恳切、情感深重，最后再一次盼望孙膑早日归来。

孙膑看罢，不觉流下泪来。然后热情招待传信人丁乙，并写了回信请他带回去。信中讲：自己十分思念故乡，但目前已成为魏国臣子，不能很快回去。待为魏国建立了功勋，年老后，一定与两堂兄在齐地故乡相聚，欢度晚年。

其实，孙膑并不知道，这个丁乙根本不是齐国乡亲，而是庞涓的心腹家人。庞涓骗到孙膑回信，又仿其笔迹，在关键处涂改了几句：『仕魏乃不得已，碍于情面。不久一定回国，为齐王效力！』

然后，庞涓将此信交给魏王：『孙膑久有背魏向齐之心。近日又私通齐国使者。臣为忠于大王，忍痛割舍兄弟之情，现截获孙膑家信一封，请大王过目。』

魏王看后问道：『你看该怎么处理？』

庞涓吞吞吐吐地说：『孙膑才能不低于我，若放他归齐，将对魏国霸业不利。所以……』

『杀掉他？』魏王一语道破。

『我与他毕竟是兄弟，还是让我再劝劝他。要同意留下来，最好。若不想留，仍要归齐与我国为敌，请大王把他发到我府中，由我监管、处置，您看怎么样？』庞涓装出一副为朋友尽义的样子，魏王虽然气恼，但碍于庞涓的情面，只好同意了。

庞涓当晚见孙膑：『听说兄长接到了家书？』

孙膑对朋友毫不隐瞒：『是的，兄长要我回乡。可我怎能辜负魏王及兄弟待我的深情？我不能回去。』

『兄长真的不想念故乡？』

孙膑叹道：『久别故乡，怎能不想？只是目前不能回去。』

庞涓假意同情地说：『兄长不如请魏王准一两个月的假期，让兄长回乡扫扫亲人之墓，然后再归来？』

孙膑说：『只恐怕魏王会怀疑我去而不归，不会答应的。』

庞涓说：『兄长明天试试看。我在旁边为兄长再说几句。以兄长的为人品行，谅魏王会相信的！』

孙膑很感动：『全仗贤弟促成了！一旦扫墓归来，我一定全身心报效魏王，再无别意！』

庞涓辞别孙膑，当夜就去求见魏王：『臣奉大王之命劝他回心转意。但他不但不改，反而怨恨大王。他明天还要当面以请假之名，要求回齐国！我真是爱莫能助了！』庞涓一脸的无可奈何。

第二天，孙膑上朝，很奇怪没见到庞涓，因为昨晚说好一起对魏王说的。他想庞涓可能是有事耽搁，就先对魏王讲出要请假回齐之事。不料，刚一开口，魏王就大发雷霆，不容半句解释，命令武士把他抓起来押到军师府问罪！庞涓见到孙膑被捆绑进军师府，装作吃惊的样子说：『我因事耽误一会儿，正要上朝，怎么回事？』

押解官员宣布魏王命令：『孙膑私通齐使，要叛魏投齐，请军师问罪！』

庞涓大惊失色，忙对孙膑说：『不要着急，我去魏王面前替你求情去！』说罢急忙离家上朝。

庞涓见了魏王，说道：『孙膑虽有私通齐使之罪，但罪不至死。以臣愚见，不如让他成为不能行走、面有罪记的废人。这样，既成全我们弟兄的情分，又无后患，您看怎么样？』

魏王不想得罪庞涓，就说：『照你的意思办吧。』

庞涓回府，流着眼泪对孙膑说：『大王盛怒，判兄死罪。我力争苦求，才免于一死。但要受刖刑及黥面。』说罢，唏嘘不已。孙膑叹了一口气说：『总算保住了性命，这全赖贤弟救助愚兄了！以后我一定要报答救命之恩。』

庞涓哭着掩面跑出大厅，不一会儿，来了行刑的刽子手，把孙膑绑起来按在地上，用尖刀剜剔下孙膑的两个膝盖骨。孙膑惨叫一声，立刻昏死过去，在他昏迷中，脸上被用黑墨刺上『私通敌国』四个字。这时，庞涓泪流满面走进来，亲自为孙膑上药、包裹，把他抱进卧室，百般抚慰，无微不至地照料。

一个月之后，孙膑伤口基本愈合，但是从此再也不能走路，只能盘腿坐在床上，真成了废人。此时，庞涓对孙膑更是关心体贴，一日三餐，极其丰盛。倒使孙膑很过意不去，总想尽自己所能为庞涓做点什么。

开始，庞涓什么也不让他干，后来孙膑再三要求，他才说：『兄坐于床间，就把鬼谷先生所传的孙子兵法十三篇及注释讲解写出来吧，这也是对后世有益的善事，也可因此使吾兄扬名于万代千秋呢！』

孙膑知道庞涓也想全面学习这十三篇兵法，就高兴地答应，而且从那天起，夜以继日地在木简上写起来，日复一日，忘食废寝，以致人都劳累得变了形。

一个照顾孙膑起居的小男孩儿为孙膑拼命工作的精神所感动，便对庞涓一贴身卫士说，是否求庞将军让孙先生休息几天，那个卫士道：『你懂什么？庞将军只等孙膑写完兵书，就要饿死他呢！还会让他休息？！』

小男孩儿听到这番话之后，大吃一惊，偷偷把这消息告诉了孙膑。孙膑听了这番内幕，身心一下子凉透了！第二天，正要继续写书的孙膑，忽然大叫一声，昏倒在地，大呕大吐，两眼翻白，四肢乱颤。过了一会儿，醒过来，却神态恍惚，无端发怒，抓起花费心血好不容易写成的部分孙子兵法，一齐扔到火盆里。立时，烈焰升起。孙膑则把身子扑向那火，头发胡子都烧着了。人们慌忙把他救起，那些书简则因为抢救不及，已经化成灰烬了。

庞涓闻讯赶来，心里疑惑。他怀疑孙膑是装疯，就命令把他拽到猪圈里。孙膑浑身污秽不堪，披头散发，全然不觉地在猪圈的泥水中滚倒，直怔怔地瞪着两眼，又哭又笑……

庞涓又派人在夜晚、四周别无他人时，悄悄送食物给孙膑：『我是庞府下人，深知先生冤屈，实在同情您。请您悄悄吃点东西，别让庞将军知道！』

孙膑一把打翻食物，狰狞起面孔，厉声大骂：『你又要毒死我吗？！』

来人气极，就捡起猪粪、泥块给他。孙膑接过来就往嘴里塞，毫无感觉的模样。于是来人回报庞涓，孙膑是真疯了。庞涓这时才有些相信，从此任由孙膑满身粪水地到处乱爬，有时睡在街上，有时躺在马棚、猪圈里。也不管白天还是黑夜，孙膑困了就睡，醒了就又哭又笑、又骂又唱。庞涓终于放下心来，但仍命令：无论孙膑在什么地方，当天必须向他报告。

这时，真正知道孙膑是装疯避祸的只有一个人，就是当初了解孙膑的才能与智谋、向魏王推荐孙膑的人。这个人就是赫赫有名的墨子——墨翟。他把孙膑的境遇告诉了齐国大将田忌，又讲述了孙膑的杰出才能。田忌把情况报告给了齐威王，齐威王要他无论用什么方法，也要把孙膑救出来，为齐国效力。于是，田忌派人到魏国，趁庞涓的疏忽，在一个夜晚，先用一人扮作疯了的孙膑，把真孙膑换出来，脱离庞涓的监视，然后快马加鞭迅速载着孙膑逃出了魏国。

孙膑到了齐国，齐王十分敬重他，田忌对他更是礼遇有加。这时候，庞涓在魏国大权在握，总想靠打仗提高身份与威望。在孙膑逃走不久，他又兴兵进攻赵国，打败了赵国的军队，并围住赵的都城邯郸。赵国派人到齐国求救。

齐王早知孙膑有大将之才，要拜他为主将。孙膑道：『我是残疾人，当大将会令敌人耻笑，还是请田忌为将才好。』于是齐王命田忌为将，孙膑不公开身份，只暗中协助田忌，为他出谋划策。

田忌起兵，要直奔邯郸解赵国之围。孙膑劝止，道：『我远途解赵国之围，将士劳累，而魏军以逸待劳。而且赵将又不是庞涓对手，等我们赶到，邯郸可能已被攻破。不如直袭魏国的襄陵，而且一路有意宣扬让庞涓得知。他必弃赵而自救。这样，我则以逸待劳，形势就大不同了！』

田忌觉得有理，便按计行事，结果，不费吹灰之力就使邯郸脱离了危险；又在庞涓率部回救途中，正疲惫不堪时，大胜魏军，使之死伤两万余人。直到这时，庞涓才知道孙膑果然在齐国与自己为敌。为此，庞涓日夜不安，终于想出一条离间计：他派人潜入齐国，用重金贿赂齐国相国邹忌，要他除掉孙膑。邹忌正因齐王重用孙膑，唯恐有朝一日被取代，便暗中设下圈套，并作假证，告发孙膑帮助田忌，要夺取齐国王位。由于庞涓派人早已在齐国到处散布谣言，说田忌、孙膑阴谋造反夺权，齐王已有些疑忌，一听邹忌所说，勃然大怒，果然削去田忌兵权，罢免了孙膑的军师之职。庞涓大喜：『孙膑不在，我可以横行天下了！』不久，就又统兵进攻韩国，韩国自知不能取胜，派人到齐国求救。

恰恰此时齐威王逝世，其子齐宣王继位，齐宣王知道田忌、孙膑冤枉，又恢复了他的职位。听到韩国求救之事，齐国君臣忙在朝堂议事。宣王问众臣：『救还是不救？』

邹忌主张不救，让这两个邻国自相残杀，于齐国有利；田忌等人则极力要求去救：不救，一旦韩被魏吞并，魏国力大增，必要进攻齐国。那时就更危险了！此时，只有孙膑含笑不语。宣王问他该怎么办。孙膑道：『这两种意见都不好。我们应该「救而不救，不救而救」。』众人瞠目结舌，不明白此话的含意。

孙膑解释说：『不救，则魏灭韩，必危及我国；救，则魏兵必先与我军开战，等于我们替韩国打仗，韩国安然无恙，但我国无论胜败，都要大伤元气。所以这两种意见都不是很好。我认为大王应采取这样的方针：答应救韩，以安其心。韩国必然努力坚持与魏国死战。等到两国都疲惫之极，马上要分胜负时，我们再真正出兵击魏，这样，攻击已筋疲力尽的魏军，不用大力；救解已快失败的韩国之危，他们也必定感激。于是，出力少而建功多，不是更好吗？！』

宣王一听，佩服得鼓起掌来，连声说：『太好了！』便命田忌、孙膑统兵，伺机救韩。等韩、魏两国已打了一段时间后，齐军又按孙膑谋划：不救韩，而袭魏国首都大梁。庞涓闻讯，暴跳如雷，大骂孙膑狡猾，发誓与齐军决一死战，于是气冲冲率师迎战齐军。孙膑知庞涓兵来，制止田忌迎敌的打算。

田忌不解：『以逸待劳，不是上次成功的战法吗？』孙膑说：『此次不同，庞涓怀愤怒、挟气势而来，若正面交锋，我军纵胜，损失亦大。不如如此这般……』孙膑小声说出计策。

庞涓提兵赶到魏国，齐军已经撤离。庞涓决心与孙膑拼个你死我活，拼命追击。追击前，他派人去数齐军营垒中的灶迹，一听竟有十万之多，吃了一惊：『齐军人多，我们不可轻敌！』

又追了一天，再数齐军遗下的灶迹，只剩五万了。庞涓大喜：『齐兵厌战，更闻风丧胆，逃亡过半了！快追！』

及第三天，齐军只有三万个灶了。庞涓再也抑制不住冲动，下令：『不顾一切，尽快赶过去，务必活捉孙膑！』自己更是披甲执戈，亲自率二万轻骑，日夜兼程追击齐军。

再说孙膑，在计算日程、地点后，在马陵道设下埋伏。马陵道是夹在两山之间的峡谷，进易出难。孙膑又让人在道中一棵大树上刮下大片树皮，用墨写上六个大字，『庞涓死此树下』，然后在附近安排五千弓弩手，命令：『只看树下火把点亮，就一齐放箭！』

庞涓赶到马陵道，已黄昏时分。士兵报告：『前面谷口，有断树乱石堵住道路了！』

庞涓大喜：『这说明敌军畏惧，而且马上要追上他们了！快，搬开障碍，冲锋！』说罢，一马当先，率部队冲入峡谷。正快速前进，忽然被一棵大树挡住去路，隐约见到树身有字迹。庞涓令人点亮火把，亲自上前辨认树上之字。待他看清，立刻大惊失色：『我中计了！！』话音未落，一声锣响，万弩齐发，箭如骤雨，庞涓浑身上下像刺猬一样，倒地身亡。

【品读】

鬼谷子认为，凡是那些遵循『阳道』的一派，都可以称为『新生派』的代表；凡是那些遵循『阴道』的一派，可以称为『没落派』，它们以谈论『恶』来终止施展计谋。孙膑和庞涓都出于鬼谷子门下，但是庞涓却只是使用阴谋诡计，『用卑下来求索微小』，最后只能落一个兵败身死的下场。所以说，阴与阳，高尚与卑下都不可执于一偏，中道而行，捭阖互补才是人生的最高的境界。

六、柳下季的诚实

春秋时期的鲁国有一只宝鼎，名字叫『岑鼎』，这只鼎气势恢宏壮丽，上面有能工巧匠铸上的精美花纹，有一种震撼人心的力量。

鲁国的国君非常珍重这个宝鼎，把它看作镇国之宝。

鲁国的邻国齐国幅员广阔、人口众多，国力很是强盛。为了争夺霸权，齐国向鲁国发起了声势浩大的进攻。

鲁国较弱，勉强抵挡了一阵就全线溃败了。鲁国国君只得派出使者，去向齐国求和，齐国答应了，但是有个条件：要求鲁国献上岑鼎以表诚意。

鲁国的国君听说了这个消息之后，很是着急，想献鼎吧，实在舍不得；不献吧，又怕齐国不愿讲和。正在左右为难之际，鲁国有个大臣出了个主意：『大王，齐人从未见过岑鼎，我们何不另献一只鼎去，谅他们也不会看得出来。这样既能签订和约，又能保住宝贝，难道不是一个两全之策吗？』

鲁国国君听了这个计策拍手称是，大喜道：『就照你说的办！』于是，鲁国悄悄地换了一只鼎，假说是岑鼎，献给了齐国的国君。

齐国国君得了鼎，左看右看，总觉得这只鼎虽也称得上是巧夺天工，但似乎还是不如传说中的那样好，再加上鲁国答应得这样爽快，自己又没亲眼见过岑鼎，这只鼎会不会是假的呢？又能用什么方法才能验证它的真伪呢？要是弄得不好，到手的是一只假鼎，不仅自己受了愚弄，齐国的国威也会大大受损。他思前想后没有法子，只得召集左右一块儿商量。

一位聪明又熟悉鲁国的大臣出点子说：『臣听说鲁国有个叫柳下季的人，非常诚实，是鲁国最讲信用的人，毕生没有说过半句谎话。我们让鲁国把柳下季找来，如果他也说这只鼎是真的，那我们就可以放心地接受这只鼎了。』

齐王同意了这个建议，派人把这个意思传达给了鲁国国君。鲁国国君没有别的路可走，只得把柳下季请来，对他把情况讲明，然后央求他说：『就请先生破一回例，说一次假话，以保全我们鲁国的宝物。』

柳下季沉思了半晌，严肃地回答道：『您把岑鼎当作最重要的东西，而我则把信用看得最为重要，它是我立身处世的根本，诚信是我用一辈子努力保持的东西。现在大王想要微臣破坏自己做人的根本，来换取您的宝物，恕臣不可能办到。』

鲁国国君听了这一番义正词严的话，知道再说下去也没有用了，就将真的岑鼎献给了齐国，签订了停战和约。鲁国国君虽然失去了岑鼎，但却为黎民百姓换来了和平安宁的生活。

【品读】

人在做事情的时候，做小事要进入无限微妙的境界——阴；做大事，要进入无限广大的境界——阳。所有的损害和补益，都是在阴、阳的变化中。牺牲小的利益，来获得大的成功，这正是人生的阴阳进退之道，如果怀着一个坚定的目标，如果放弃一些小的利益，是为了能够保证更大的利益，这正是鬼谷子所说的『捭阖』之道，也不失为一种人生的大境界。

七、要离刺庆忌

春秋时期，阖闾杀了吴王僚，夺得了王位，他十分惧怕吴王僚的儿子庆忌为父报仇。庆忌是吴国第一勇士，有万夫不当之勇，当时庆忌正逃亡卫国，招兵买马，欲报杀父之仇。

阖闾听说庆忌正准备打回吴国来夺取王位，整日提心吊胆，要大臣伍子胥替他设法除掉庆忌。

伍子胥向阖闾推荐了一个智勇双全的勇士，名叫要离。要离从外表来看，不过是一个身高不满三尺的侏儒，用他自己的话说：『细小无力，迎风则偃，负风则伏。』

阖闾见要离矮小瘦弱，就说道：『庆忌人高马大，勇力过人，你如何杀得了他？』

要离说：『除掉庆忌，用智不用力，请大王杀掉我的家小，砍掉我的一条手臂，庆忌自然会相信我。』

阖闾听了要离的话，不肯答应他，要离说：『为国亡家，为主残身，是我心甘情愿的事情。』于是，吴王阖闾同意了要离的请求。

此后不久，吴国都城里忽然流言四起，传说阖闾弑君篡位，是无道的昏君。阖闾下令追查，原来这流言是要离散布的。阖闾下令捉了要离和他的妻子，要离当面大骂阖闾是昏君，阖闾假意大怒，但却未杀要离，只是斩断了他的右臂，把他夫妻二人关进监狱。几天后，伍子胥让狱卒故意放松看管，让要离乘机逃出。阖闾听说要离逃跑，就杀了他的妻子，焚弃于市。这件事传遍吴国，邻近的国家也都知道了。

要离逃到卫国，求见庆忌，劝说庆忌伐吴，也为他报断臂、杀妻之仇。要离对庆忌说：『正像您所知道的那样，阖闾昏庸无道，杀害了我的妻子，并且把尸身焚弃于市，她确实是无辜被杀。吴国的国情我都知道，希望凭借王子您的勇力来报仇。您为什么不与我一起杀回吴国呢？您的大军一到，阖闾一定能被捉住。』

庆忌相信了这个和自己一样可怜的人，于是就接纳了他，并委以重任，要离成了庆忌的贴身亲信。

庆忌和要离在卫国训练士兵，修复战船，一切准备就绪，就带领要离一起奔袭吴国。

渡江那天，要离与庆忌同坐一条船上。庆忌坐在船头上，要离手中拿了一杆长矛，因为力气小，就事先坐在了庆忌的上风头，和庆忌随便说着话。

庆忌见要离拿着矛，便说：『有这么多卫士，何劳将军您亲自执锐呢？』于是叫来卫士将矛拿开。要离眼看要大事难成，无法刺杀庆忌了。说来也是凑巧，就在这时候，一阵风吹过，要离的帽子掉到了江中。

要离趁机拿过长矛，将长矛伸到江中捞他的帽子，大家的注意力便都集中到了江面上，谁都没有想到要离还有别的图谋。

说时迟那时快，要离见庆忌没有防范，机会实在难得，趁庆忌不备，猛然顺过长矛，借着风势刺入庆忌胸中，有万夫不挡之勇的庆忌，被弱不禁风的要离刺穿了胸膛。

庆忌带着重伤将要离揪过来倒提在手中，顺船舷放入水中，然后又提上来，如此三次，最后庆忌将要离放在自己膝上，叹口气说：『你真是天下难得的勇士啊，竟敢刺杀我！』

庆忌死后，要离也自杀而死。

【品读】

鬼谷子说：『所有的损害和补益，离去和接近，背叛和归附等等行为，都是在阴、阳的变化中运行的。』要离和庆忌的对比也是如此，极强的『阳』和极弱的『阴』也在不断转化当中，极弱小的一方等待敌人麻痹的时机，然后乘隙进攻，这就是弱小的要离战胜庆忌的奥秘所在。人生风云变幻，大与小、强与弱，都不是永恒不变的态势，如果能够坚持自己的信念，等待对手的麻痹，便能够以弱胜强，取得最后的胜利。我们把这种智慧运用到生活中，定能稳操胜券。

八、燕王的胸怀

齐国攻打宋国时，燕王派张魁率领燕国士兵跟着齐军一起前往攻宋，可是齐王却杀了使者张魁。燕王听到这个消息，非常悲痛，他召来大臣们告诉他们说：『我派兵跟随齐军一起进攻宋国，可齐国却杀了我的使臣，我要立即发兵攻打齐国。』

大臣们也群情激昂。这时，凡繇进来拜见燕王，他劝燕王道：『您是贤明的君主，我才愿意当您的臣子的，如今看来您不是贤明的君主，我想离开您，不再做您的臣子了。』

燕王说：『这是为什么？』

凡繇回答说：『松下之难的时候，我们的先君被俘，您对此深感痛苦，却依旧侍奉齐国，这是因为我们的力量不足啊！如今张魁被杀死，您就准备攻打齐国，这是把张魁看得比先君还重要。』

燕王说：『是吗？』

凡繇说：『请您停止出兵。』

燕王说：『可以不出兵，但是我们应该怎么办呢？』

凡繇回答说：『请您穿上白衣素服离开宫室住在郊外，派遣使臣到齐国，以从属的身份去谢罪，这么说：「这都是我的罪过。大王您是贤德的君主，怎么会把诸侯的使臣都杀了呢？然而单单燕国的使臣被杀死了，这是我选择人不慎重啊！我希望能让我改换使臣以示请罪。」』

燕王听从了凡繇的计策，派使臣到了齐国，齐湣王正在举行盛大的宴会，参加宴会的近臣、官员、侍从很多，在宴会之上，齐湣王命令使臣进来禀告。使臣禀告说，燕王非常恐惧，因此前来请罪。使臣说完了，齐湣王又让他重复一遍，以此来向近臣、官员、侍从炫耀。于是齐湣王派了一位小臣作为使者，去让燕王返回宫室居住。

不久，由于齐湣王骄横恣肆，对内欺民而失信，对外结怨于诸侯，造成齐国政治局势不稳，外部环境形势恶化。燕昭王认为时机成熟，欲兴兵伐齐，遂问计于乐毅。

乐毅少年时喜好兵法，后来因为躲避赵国沙丘之乱，来到魏国都城大梁（今河南开封西北）当了大夫。他替魏国出使到燕国，燕昭王用客礼厚待乐毅。乐毅谦辞退让，最后终于被昭王诚意所动，答应委身为臣，燕昭王封乐毅为仅次于上卿的高官。

乐毅回答说：『齐国系霸主之余业，地广人多，根基较深，且熟习兵法，善于攻战。对于这样一个大国，虽有内患，仅由我们一国单独去攻打它，恐怕很难取胜。如果大王一定要去攻伐齐国，必须联合楚、魏、赵、韩诸国，使齐国陷于孤立的被动地位，方可制胜。』这就是所谓『举天下而攻之』的伐齐方略。

燕昭王接受了乐毅的建议，便派乐毅去赵国，同惠王盟约攻齐，并请赵国以伐齐之利诱说秦国，予以援助。又派剧辛为使，分别到楚国和魏国进行联络。当时各国都因厌恶齐湣王的骄暴，听说联兵伐齐，均表赞同。正是因为燕昭王的胸怀博大，能够听取臣下的建议，所以才能够汇合诸侯联兵伐齐，从而大获成功。

【品读】

有智慧的人，可以通过观察阴阳变化而对事物做出正确的判断，燕昭王能够在自己力量弱小的时候处处示弱，等待时机出现的时候，牢牢抓住时机。示弱与逞强，如同开放与封闭，捭与阖，都是世界上各种事物发展变化的规律，逞强的人不会永远处于强势，示弱的人也不可能永远软弱。

九、蠢蠢欲动的白公胜

白公胜是楚平王的孙子，当初他的父亲太子建被杀死，白公胜跟随伍子胥一块儿逃亡到吴国。

在吴国，吴王夫差在位时，楚惠王要召胜回到楚国。叶公规劝说：『胜爱好勇武又暗中寻访敢死的勇士，大概存有私心！』惠王不听他的进谏，终于把胜召回来，让他居住在楚国的边邑鄢。号称白公。

白公回到楚国三年之后，吴王杀了伍子胥。白公胜回楚国不久，怨恨郑国杀死他的父亲，于是暗地里收养敢死的勇士向郑国报仇。

又过了两年，白公胜请求楚王攻打郑国，楚国令尹子西答应了他的要求。可是，还没等到发兵晋国已经出兵攻打郑国，郑国派人到楚国请求救援，楚王派子西前往救郑，和郑国订立了盟约才回国。白公胜发怒说：『我的仇敌不是郑国，我的仇敌是子西！』

白公胜亲自磨砺宝剑，有人问他：『用它干什么？』白公胜回答说：『要用它杀死子西。』子西听到这件事，笑着说：『白公胜如同鸟蛋，能有什么作为呢？』

此后四年，白公胜和石乞在朝廷上突然刺杀了令尹子西及司马子綦。石乞说：『不杀掉楚惠王不行。』于是，把楚惠王劫持到高府。

石乞的随从屈固背负着楚惠王逃到昭夫人住的宫室。叶公听说白公胜作乱，带领着他封地的人攻打白公胜。

白公胜一伙人战败。白公胜逃到山里自杀了，石乞被俘。楚国大臣审问石乞，问他把白公胜的尸首放在哪里，如果不招供出来，就要把他煮死。

石乞说：『事情成功了就做卿相，不成功就被煮死，本来是应尽的职分。』最终也不肯说出白公胜的尸首在什么地方。于是，石乞被煮死了。白公胜尽管没有任何才能，但是毕竟还有这样肯为他慷慨赴死的家臣。

【品读】

人在做事的时候，如果不能测算事物的发展变化过程，那是盲目的冒险；如果不能通晓人类思维的规律，揭示事物变化的征兆，从而控制事物发展变化的关键，则是愚蠢的行为。所以，一个希求成功的人，一定要奉守捭阖之道，遵循大自然阴阳一体的变化规律，并以此驾驭万物。白公胜没有把握事物变化的规律，只会一意孤行地蛮干，所以落得失败身死的下场。

一〇、影响千年的军事家孙武

孙武，字长卿，后人尊称其为孙子、孙武子。孙武的祖先叫妫满，被周朝天子册封为陈国国君，后来由于陈国内部发生政变，孙武的直系远祖妫完便携家带口，逃到了齐国，投奔齐桓公。

齐桓公早就了解到陈公子妫完年轻有为，便任命他为负责管理百工之事的工正。妫完在齐国定居以后，由姓妫改姓田，故他又被称为田完。

在齐国过了一百多年，田氏家族成为齐国国内后起的一大家族，地位越来越显赫，在齐国的领地也越来越扩大。

公元前672年，陈厉公之子敬仲因陈国内乱而出奔齐国，后被齐桓公任命为工正。因封邑在田，故又被称为田完。田完的五世孙田书，做了齐国的大夫，很有军事才干，因为领兵伐莒（今山东莒县）有功，齐景公在乐安封给他一块采地（诸侯封赐给所属卿、大夫作为世禄的田邑，又称『采邑』或『食邑』），并赐姓孙氏。因此，田书又被称为孙书。孙书的儿子孙凭，做了齐国的卿，成为齐国君主以下的最高一级官员。孙凭就是孙武的父亲。

由于贵族家庭给孙武提供了优越的学习环境，孙武得以阅读古代军事典籍《军政》，了解黄帝战胜四帝的作战经验以及伊尹、姜太公、管仲的用兵史实，加上当时战乱频繁，兼并激烈，他的祖父、父亲都是善于带兵作战的将领，他从小也耳闻目睹了一些战争，这对少年孙武的军事方面的培养是非常重要的。

但孙武生活的齐国，内部矛盾重重，危机四伏。齐景公初年，左相庆封灭掉了右相崔杼。接着田、鲍、栾、高等四大家族又联合起来，赶走了庆封。后来，内乱日甚一日，齐国公室同四大家族的矛盾，四大家族相互之间争权夺利的斗争愈演愈烈。孙武对这种内部斗争极其反感，不愿纠缠其中，萌发了远奔他乡、另谋出路去施展自己才能的念头。

当时南方的吴国自寿梦称王以来，联晋伐楚，国势强盛，很有新兴气象。孙武认定吴国是他理想的施展才能和实现抱负的地方，大约在齐景公三十一年（公元前517年）左右，孙武正值十八岁的青春年华，他毅然离开乐安，告别齐国，长途跋涉，投奔到了吴国。孙武一生事业就在吴国展开，死后亦葬在吴国，因此《吴越春秋·阖闾内传》就把孙武称为『吴人』。

孙武来到吴国后，在吴都（今苏州市）郊外结识了从楚国来的伍子胥。伍子胥原是楚国的名臣，公元前522年因父亲伍奢和兄长伍尚被楚平王杀害而潜逃到吴国。他立志兴兵伐楚，为父兄报仇。孙武结识伍子胥后，十分投机，结为密友。这时吴国的局势也在动荡不安之中，两人便避隐深居，待机而发。

公元前515年，吴国公子光利用吴国伐楚，国内空虚的机会，以专诸为刺客，袭杀吴王僚，然后自立为王，称阖闾。

阖闾即位后，礼贤下士，任用伍子胥等一批贤臣，注意发展生产，积蓄粮食，建筑城垣，训练军队，因而大得民心。隐居在吴都郊外的孙武由此更加看清了自己的前途，他在隐居之地，一边灌园耕种，一边写作兵法，并请伍子胥引荐自己。

阖闾即位三年，即公元前512年，吴国国内稳定，仓廪充足，军队精悍，向西进兵征伐楚国的准备工作已经基本就绪。伍子胥向阖闾提出，这样的长途远征，一定要有一位深通韬略的军事家筹划指挥，方能取胜。他向吴王阖闾推荐了正在隐居的孙武，积极地向吴王介绍孙武的家世、人品和才干，称赞孙武是个文能安邦、武能定国的盖世奇才。

可是，孙武自从来到吴国后一直隐居著书，吴王连孙武这个名字都不曾听说，认为一介农夫不会有多大本事。伍子胥便反复推荐，仅一个早上就推荐了七次，吴王这才答应接见孙武。

孙武带着他刚刚写就的兵法晋见吴王。吴王将兵法一篇一篇看罢，啧啧称好，但忽然产生一个念头，兵法头头是道，是否真正适合于战争的实用呢?孙武能写兵法，又怎样才能证明他不只是一位纸上谈兵的人呢?吴王便对孙武说：『你的兵法十三篇，我已经逐篇拜读，实是耳目一新，受益匪浅，但不知实行起来如何，可否用它小规模地演练一下，让我们见识见识?』

孙武回答说：『可以。』

吴王又问道：『先生打算用什么样的人去演练?』

孙武答：『随君王的意愿，用什么样的人都可以。不管是高贵的还是低贱的，也不论是男的还是女的，都可以。』吴王想给孙武出个难题，便要求用宫女来演练。于是，吴王下令将宫中美女一百八十名召到宫后的练兵场，交给孙武去演练。孙武把一百八十名宫女分为左右两队，指定吴王最为宠爱的两位美姬为左右队长，让她们带领宫女进行操练，同时指派自己的驾车人和陪乘担任军吏，负责执行军法。

分派已定，孙武站在指挥台上，认真宣讲操练要领。他问道：『你们都知道自己的前心、后背和左右手吧？向前，就是目视前方；向左，视左手；向右，视右手；向后，视后背。一切行动，都以鼓声为准。你们都听明白了吗？』

宫女们回答：『听明白了。』安排就绪，孙武便击鼓发令，然而尽管孙武三令五申，宫女们口中应答，内心却感到新奇、好玩，她们不听号令，捧腹大笑，队形大乱。孙武便召集军吏，根据兵法，应斩两位队长。

吴王见孙武要杀掉自己的爱姬，马上派人传命说：『寡人已经知道将军能用兵了。没有这两个美人侍候，寡人吃饭都没有味道。请将军赦免她们。』

孙武毫不留情地说：『臣既然受命为将，将在军中，君命有所不受。』孙武执意杀掉了两位队长，任命两队的排头充当队长，继续练兵。当孙武再次击鼓发令时，众宫女前后左右，进退回旋，跪爬滚起，全都合乎规矩，阵形十分齐整。

孙武传人请阖闾检阅，阖闾因为失去爱姬，心中不快，便托故不来，孙武便亲见阖闾。他说：『令行禁止，赏罚分明，这是兵家的常法，为将治军的通则。对士卒一定要威严，只有这样，他们才会听从号令，打仗才能克敌制胜。』

听了孙武的一番解释，吴王阖闾怒气消散，便拜孙武为将军。在孙武的严格训练下，吴军的军事素质有了明显的提高。就在公元前512年，阖闾、伍子胥和孙武，指挥吴军攻克了楚的属国钟吾国（今江苏宿迁东北）、舒国（今安徽庐江县西），这时阖闾头脑发热，想要长驱直入，攻克楚都郢（今湖北江陵县纪南城）。孙武认为这样做不妥，便进言道：『楚军是天下的一支劲旅，非舒国和钟吾国可比。我军已连灭二国，人疲马乏，军资消耗，不如暂且收兵，蓄精养锐，再等良机。』

伍子胥也完全同意孙武的主张，并向吴王献策说：『人马疲劳，不宜远征。不过，我们也可以设法使楚人疲困。』吴王听从了孙武的劝告，下令班师。

为了实现灭楚的计划，伍子胥和孙武共同商订了一套扰楚、疲楚的计策，即组成三支劲旅，轮番袭扰楚国。当吴国的第一支部队袭击楚境的时候，楚国见来势不小，便全力以赴，派兵迎击。待楚军出动，吴军便往回撤，当楚军返回驻地时，吴国的第二支部队又攻入了楚境，如此轮番袭击，弄得楚国连年应付吴军，人力物力都被大量耗费，国内十分空虚，属国纷纷叛离，吴国却从轮番进攻中抢掠到不少物资，在与楚对峙中完全占据上风。

公元前506年，楚国攻打已经归附吴国的小国——蔡国，给了吴军伐楚的借口。阖闾和伍子胥、孙武指挥训练有素的三万精兵，乘坐战船，溯淮而上，直趋蔡国与楚国的交界。楚军见吴军来势凶猛，不得不放弃对蔡国的围攻，收缩部队，调集主力，以汉水为界，加紧设防，抗击吴军的进攻。不料孙武突然改变了沿淮河进军的路线，放弃战船，改从陆路进攻，直插楚国纵深。

伍子胥问孙武：『吴军习于水性，善于水战，为何改从陆路进军呢？』

孙武告诉他说：『用兵作战，最贵神速。应当走别人料想不到的路，以便打它个措手不及。逆水行舟，速度迟缓，楚军必然乘机加强防备，那就很难破敌了。』说得伍子胥点头称是。

就这样，孙武在三万精兵中选择了强壮敏捷的三千五百人为前阵，身穿坚甲，手执利器，连连大败楚军。

公元前506年，吴军攻入楚国的国都郢，楚昭王带着妹妹仓皇出逃。孙武以三万军队攻击楚国的二十万大军，获得全胜，创造了以少胜多的光辉战例。

然而，这时越国乘吴军伐楚之机进攻吴国，秦国又出兵帮助楚国对付吴军，这样，阖闾不得不引兵返吴。孙武在帮助阖闾西破强楚的同时，计划征服越国。

公元前496年，阖闾听说越王允常去世，新即位的越王勾践年轻稚弱，越国国内不大稳定，认为机不可失，时不再来，便不听孙武等人的劝告，不等准备工作全部就绪，就仓猝出兵，想要击败越国。

不料，勾践整顿队伍，主动迎战，两军相遇于吴越边境，勾践施展巧计，他派死刑犯首先出阵，排成三行，把剑放在脖子上，一个个陈述表演后，自刭于阵前。吴国士兵不知那是罪犯，居然看得忘了神，傻了眼，越军乘机发动冲锋，吴军仓皇败退，阖闾也伤重身亡。

阖闾去世后，太子夫差继承王位，孙武和伍子胥整顿军备，以辅佐夫差完成报仇雪耻的大业。公元前494年春天，勾践调集军队从水上向吴国进发，夫差率十万精兵迎战于夫椒（今江苏吴县西南太湖边）。在孙武、伍子胥的策划下，吴军在夜间布置了许多诈兵，分为两翼，高举火把，只见在黑暗的夜幕中火光连成一片，迅速向越军阵地移动，杀声震天，越军惊恐万状，军心动摇，吴军乘势总攻，大败越军。勾践在吴军的追击下带着五千名甲士跑到会稽山（今浙江绍兴市东南）上的一个小城中凭险抵抗，由于吴军团团包围，勾践只得向吴屈辱求和，夫差不听伍子胥劝阻，同意了勾践的求和要求。

吴国的争霸活动在南方地区取得胜利后，便向北方中原地区进逼，公元前485年，夫差联合鲁国，大败齐军。公元前482年，夫差又率领数万精兵，由水路北上，到达黄池（今河南封丘县南），与晋、鲁等诸侯国君会盟。吴王夫差在这次盟会上，以强大的军事力量为后盾，争得了霸主的地位。孙武虽没有直接参加攻齐取胜、与晋争霸两事，但在此前孙武精心训练军队和制定军事谋略，对夫差建立霸业有着不可抹杀的巨大贡献。

随着吴国霸业的蒸蒸日上，夫差渐渐自以为是，不纳忠言。听信了奸臣的挑拨，不仅不理睬伍子胥的苦谏，反而制造借口，逼其自尽，孙武深知『飞鸟绝，良弓藏；狐兔尽，走狗烹』的道理，对伍子胥惨死的一幕十分寒心，于是便悄然归隐，息影深山。

【品读】

孙武的一生，除了其赫赫战功以外，更主要的是他给后人留下了著名的《孙子兵法》，构建了孙武完整的军事思想体系。孙武不仅相信世界是客观存在的，而且认为世界上的事物都在不停地运动变化着，强调在战争中应积极创造条件，发挥人的主观能动性，促成对立面朝着有利于自己的方向转化，所以被古今中外的军事家一致尊崇为『兵家之祖』。纵观孙武一生的成就，也是与捭阖之道分不开的，当吴军的金戈铁马一连扫平了舒国和钟吾两个国家时，吴王准备继续与楚军作战，但孙武却主张撤军，这时候他奉行的是『捭』的做法，最后，当时机成熟的时候，孙武率领三万军队，击溃二十万楚军，创造了以少胜多的军事奇迹，这时候的孙武奉行的是『阖』的道理，有捭有阖，才是兵家之道。

一、功成身退的范蠡

范蠡字少伯，生于楚平王十二年（公元前517年）。他出身贫寒，但聪敏睿智，胸藏韬略，年轻时就学富五车，上晓天文，下识地理，满腹经纶，文韬武略，无所不精。然纵有圣人之资，在当时贵胄专权、政治紊乱的楚国，范蠡却不为世人所识。

周敬王二十四年（公元前496年），吴国和越国发生了战争，吴王阖闾阵亡，因此两国结怨，连年战乱不休。周敬王二十六年（公元前494年），阖闾之子夫差为报父仇与越国在夫椒（今江苏太湖中洞庭山）决战，越王勾践大败，仅剩五千兵卒逃入会稽山。范蠡遂于勾践穷途末路之际投奔越国，他陪同勾践夫妇在吴国为奴三年。

三年后归国，他与文种拟定兴越灭吴九术，是越国『十年生聚，十年教训』的策划者和组织者。

范蠡是春秋末期人，助越王勾践称霸后归隐。为了实施灭吴战略，运用他制定的『灭吴九术』之一的『美人计』，范蠡亲自跋山涉水，终于在苎萝山浣纱河访到德才貌兼备的巾帼奇女——西施，在历史上，谱写了西施深明大义献身吴王，里应外合兴越灭吴的传奇篇章。

范蠡事越王勾践二十余年，苦身戮力，终于灭吴，成就越王霸业，被封为上将军。

就在吴王自杀身亡之后，越王在姑苏台摆上酒宴庆功的时候，范蠡急流勇退，遂与西施隐姓埋名，泛舟五湖。

临行前范蠡给另一个功臣文种写信说：『高鸟已散，良弓将藏；狡兔已尽，良犬就烹。夫越王为人，长颈鸟喙，鹰视狼步，可与共患难而不可与其处乐，子若不去，将害于子。』文种不信，最后终于被越王勾践赐剑自杀，成为冤死之鬼。

功成身退后的范蠡，辗转来到齐国，带领儿子和门徒在海边结庐而居，努力垦荒耕作，兼营副业并经商，没有几年，就积累了数千万家产。他仗义疏财，施善乡梓，范蠡的贤明能干被齐人赏识，齐王把他请进国都临淄，拜为主持政务的相国。他喟然感叹：『居官至于卿相，治家能致千金；对于一个白手起家的布衣来讲，已经到了极点。久受尊名，恐怕不是吉祥的征兆。』于是，又过了三年，他再次急流勇退，向齐王归还了相印，散尽家财给知交和老乡。

范蠡第三次迁徙至陶（今山东定陶西北），在这个居于『天下之中』的最佳经商之地，采取『人弃我取，人取我与，顺其自然，待机而动』的经商原则，没出几年，又积资成巨富，遂自号陶朱公，当地民众皆尊陶朱公为财神，为我国道德经商——儒商之鼻祖。

史学家司马迁称：『范蠡三迁皆有荣名。』史书中概括其平生：『与时逐而不责于人』；世人誉之：『忠以为国，智以保身，商以致富，成名天下』。

【品读】

当勾践灭吴称霸之后，范蠡居功至伟，封上将军。但是范蠡深知『大名之下难久居』『久受尊名不祥』的道理，明智地选择了功成身退。范蠡不仅是成功的军事家，也是成功的大商家，他的军事宗旨是：强则戒骄逸，处安有备；弱则暗图强，待机而动；用兵善乘虚蹈隙，出奇制胜。此法可谓切合鬼谷子的『捭阖』之道，无论是范蠡经商还是用兵，都一直被后世所称道。

本章释评

人生于天地间，阴阳为人生变化之始，捭阖是生活变化的规律。一个成功的人，最重要的条件是符合阴阳之道，与周围的环境保持高度的和谐。纵观历史上的成功之人，他们的成功之处在于懂得处世的玄机。处世是一门学问，它像一只看不见的手，左右着人们的命运，捭阖之学是人生不可或缺的大智慧。

第二章 反应第二

【阅读提示】

一、运用反复的方法，了解过去、现在、将来，了解自己和对方。

二、要善于诱导对方发言，静听对方的发言，反复推敲，得到真实的情况。

三、要善于变化，特别是从不同的角度变化，善于以柔克刚，达到神鬼莫测的地步。

四、要了解别人，先从了解自己开始。自己有了定见，才能灵活地运用各种策略，进退自如。

五、反复斟酌，以静制动。

古之大化者①，乃与无形俱生。反以观往，覆以验来②；反以知古，覆以知今；反以知彼，覆以知己。动静③虚实④之理，不合来今⑤，反古而求之。事有反而得覆⑥者，圣人之意也。不可不察。人言者，动也⑦；己默者，静也。因其言，听其辞⑧。言有不合⑨者，反而求之，其应⑩必出。言有象⑪，事有比⑫。其有象比⑬，以观其次。象者，象其事；比者，比其辞也。以无形求有声，其钓语⑭合事，得人实也。若犹张罝网⑮而取兽也，多张其会⑯而司之。道合其事，彼自出之，此钓人之网也。常持其网驱之。其言无比⑰，乃为之变⑱。以象动之，以报其心，见其情，随而牧之⑲。己反往，彼覆来，言有象比，因而定基。重之、袭之、反之、覆之，万事不失其辞，圣人所诱愚智⑳事皆不疑。古善反听者，乃变鬼神㉑以得其情。其变当也，而牧之审也。牧之不审，得情不明；得情不明，定基不审。变象比，必有反辞，以还听之。欲闻其声，反默；欲张反敛㉒欲高反下，欲取反与。欲开情㉓者，象而比之，以牧其辞㉔。同声相呼，实理同归。或因此，或因彼㉕，或以事上，或以牧下㉖。此听真伪、知同异，得其情诈㉗也。动作言默，与此出入；喜怒由此，以见其式㉘。

①古之大化者：化是指教化，大化者指教化众生的圣人。

②反以观往，覆以验来：反，同返，返回，翻过来。覆，翻过去，反面。都是反复的意思，追溯过去的经验，进行研究以面对当前，认识未来。对事物应从正反两个方面反复思考。

③动静：指运动和静止。

④虚实：真伪的意思。

⑤来今：未来与现在。

⑥反而得覆：调查过去，研究现在，以定将来的对策。

⑦人言者，动也：别人发言就是动。

⑧辞：倾诉、主张、陈情。

⑨言有不合：所说的话不合理。

⑩应：答应。

⑪象：仿造的形象和原形比较，以确定正误。

⑫比：比较，和原则比较以确定正谬。

⑬象比：按照形象进行比较。

⑭钓语：如钓鱼投饵一般，在交谈时给对方以诱饵，以便引出对方的话头。

⑮罝（音jū）网：罝是捕兔子等野兽的网，网是捕鱼等水产品的网。

⑯会：聚集的意思。

⑰其言无比：如果言辞不能进行比较。

⑱乃为之变：就改变方法。

⑲牧之：进行调查加以管理和说明。

⑳愚智：愚者和智者。

㉑鬼神：指死者的灵魂和万物神明。也指天地间一种精气的聚散变化。

㉒敛：收藏、制止。

㉓开情：敞开心怀进行叙述。

㉔象而比之，以牧其辞：用形象、比喻法来驾驭言辞。

㉕或因此，或因彼：从种种事情发端。

㉖或以事上，或以牧下：或者事奉君主，或者观察民情，加以领导。

㉗情诈：真情和虚伪。

㉘式：定式、形态、态势。

皆以先定，为之法则。以反求覆，观其所托①。故用此者，己欲平静，以听其辞，观其事，论万物，别雄雌。虽非其事，见微知类②。若探人而居其内，量其能，射其意也。符应不失③。如螣蛇④之所指，若羿⑤之引矢。

①观其所托：分辨出主张的本意。

②见微知类：从微小的事情上，观察出种种事物的变化。

③符应不失：如同合于符节一样来响应，没有失误。

④螣蛇：古代传说中会飞的蛇。

⑤羿：即后羿，传说中的神箭手。

故知之始己，自知而后知人①也。其相知也，若比目之鱼②。其伺言也，若声之与响；其见形也，若光之与影也。其察言也不失，若磁石之取针，舌之取燔骨③。其与人也微，其见情也疾。如阴与阳，如阳与阴；如圆与方，如方与圆。未见形，圆以道之；既形，方以事之。进退左右，以是司之。己不先定，牧人不正④；

事用不巧，是谓『忘情失道』；己审先定以牧人，策而无形容，莫见其门，是谓『天神』。

①知之始己，自知而后知人：假如你想要知道他人，就必须先了解自己。了解自己后，才能知道他人。

②比目之鱼：一双眼睛生于身体一侧的鱼，经常是两尾并游，这里比喻恩爱夫妻。

③燔骨：烧烤的骨头上所带的肉。

④牧人不正：不能公正地驾驭他人。

【译文】

古代用大道教化众生的圣人，之所以能与无形共同生存，是因为自然物化的规律。反顾而回溯过去，再回首察验未来，既可以了解古时情况，也可以知道现在的情况。既可以了解对方，也可以弄清自己。依动、静、虚、实的运动原理，如果在未来及现在得不到实践，就可以反思历史，去研求前人的经验。有些事要反复考察探索才能把握。这是圣人的见解，不可不认真观察研究。对方说话，是动态的状态；自己缄默是静态的。要根据别人说的话，听他的辞意内涵，如果对方言辞有矛盾，要反复地追问他，对方（真正）的答辞就会出现。语言有形象性，事物可用比喻。因为有形象与比喻，所以要观察藏在言辞里面的含义。一般来说，形象可以模拟事件，比喻可以比附言辞，然后以『无形』的规律来求得有声的言辞，引诱对方说出（我方）所要知道的事，从而得到与人、事相吻合的真相。这就像张开网逮兽捕鱼一样。多张一些网，汇聚而来的野兽和游鱼就会更多一些。如果把捕野兽和游鱼的方法用在人事上，只要方法合宜，对方就会自己表现，这就是钓人的『网』。要经常拿着这个『网』，追逐对方。如果从对方的言辞上不能进行比较，就要改变方法。用『形象』的手段，使之感动，以体会对方的思想、情感；进而控制对方。自己返回去，对方再过来，双方言辞均有形象、类比，于是心中就有数了。反复地用言语攻击、偷袭对方，事虽万变但不失于『言辞』，用『言辞』以申明大道。圣人以此诱导感化愚人、智者，一切事物都不会疑惑。

古人善于从反面倾听别人的言论，这可以改变鬼神，而刺探到实情。他们随机应变，很得当，对对手的控制，也很周密。如果控制不周密，得到的情况就不明确，得到的情况不明了，心里的底数就不正确。要把形象和类比，灵活运用，就要会说反话，以便观察对方的反应。想要听别人讲话，自己就要沉默；想要敞开，就要先收敛；想要升高，就要先下降；想要获取，就要先给予。要想了解对方的内情，就要运用模仿和类比的方法，以便把握对方的言辞。同类的声音可以彼此呼应，合乎实际的道理会有共同的结果。或者由于这个原因，或者由于那个原因；或者用来侍奉君主，或者用来管理部下。这就要分辨真伪，了解异同，以分辨对手是真实情报还是诡诈骗术。活动、停止、言说、沉默都要通过这些表现出来，喜怒哀乐也都要借助这些模式，都在事先确定其法则。

用反向形式来得到对方的回应，以观察其寄托。所以用这种反向思维的方法，自己要平静，以便听取对方的言辞，考察事理，论说万物，辨别雄雌。虽然没有论及事物本身，但是可以根据细微的征兆，探索出同类的大事。就像刺探敌情就要深居敌境，估计敌人的力量，再摸清对方的意图，像验合符契一样可靠，像飞龙一样神速，像后羿张弓射箭一样准确。

所以要先从自己开始，只有了解了自己，然后才能了解别人。了解别人，就像比目鱼一样形影相随；

掌握对方的言论就像声响与回音一样互相契合；明了对方的情形，就像光和影子一样紧紧相随；侦察对方的言辞，就像用磁石来吸引钢针，像用舌头来剥取焦骨上的肉。自己暴露给对方的微乎其微，而侦察对手的行动要十分迅速。就像由阴变阳，又像由阳转阴，像圆变方，又像方变圆一样自如。在情况还未明朗以前，要用圆的形态来诱惑对手，在情况明朗以后，就要用方的战略来战胜对方。无论是向前，还是向后，无论是向左，还是向右，都可用这个方法来控制。如果自己不事先确定策略，统率别人就没有计划。做事没有智术，叫作『忘情失道』，自己首先认真确定策略，再以此来统领众人，策略要不暴露意图，使旁人看不到自己的门道所在，就可以称为『天神』。

鬼谷智囊

一、承认自己丑的邹忌

邹忌是战国时代齐国的相国。他身高八尺多，五官端正，英俊潇洒。家人和朋友都夸他是天下第一美男子，他也为此而自豪。平时非常注重自己的仪表。

邹忌不但外表美，同时他也是一个很有思想、有内涵的人。

公元前378年，齐威王即位，经常独自在后宫内抚琴自娱。据说他不理朝政已经有九年了。九年的时间里，国家日趋衰败。周边国家看到齐威王如此荒唐，接连起兵进犯，齐国连吃败仗。

这一天，自称是高明琴师的邹忌，走进王宫，对侍臣说：『听说大王爱弹琴，我特地前来拜见，为大王抚琴。』侍臣禀报齐威王，齐威王一听很高兴，立即召见邹忌。

邹忌走进内宫，静静地坐在一旁聆听齐威王弹琴。等齐威王弹完琴之后，邹忌连声称赞道：『大王好琴艺！好琴艺……』

齐威王连忙问：『你说我的琴艺好，它好在哪里？』

邹忌起身拜道：『大王运用的指法十分精湛纯熟，弹出来的个个音符都十分和谐动听，时而深沉时而舒展，既灵活多变，又相互协调，就像一个国家明智的政令一样。大王那大弦弹出来的声音十分庄重，就像一位明君的形象；那小弦弹出来的声音是那么清晰明朗，就像一位贤相的形象。听到这悦耳的琴声，怎么不令我叫好呢！』

齐威王被邹忌说得十分高兴。

邹忌看到齐威王正在兴头上，接着又说道：『大王，以鄙人之见，弹琴和治理国家一样，都必须专心致志。那七根琴弦，好似君臣之道，如同国家政令一样，七弦配合协调，才能弹奏出美妙的乐曲，这正如君臣各尽其责，才能国富民强、政通人和。弹琴和治国的道理一样呀。』

齐威王上下打量邹忌，说：『你的乐理是说到了我的心坎里，但是光知道弹琴的道理还不够，必须审知琴音才行，请你试弹一曲吧。』

于是，邹忌离开琴位，两手轻轻舞动，只摆出弹琴的架势，却并没有真的去弹。齐威王见邹忌如此这般，恼怒地指责道：『你为何只摆空架子不去真弹琴呢？难道你欺君不成？』

邹忌答道：『臣以弹琴为生业，当然要悉心研究弹琴的技法。大王以治理国家为要务，怎么可以不好好研究治国的大计呢？这就和我抚琴不弹，摆空架子一样。抚琴不弹，就没有办法使您心情舒畅；您有国家不治理，也就没有办法使百姓心满意足。这个道理大王要三思。』

齐威王非常惊讶，和他谈论治国之道，邹忌说得十分深刻。于是齐威王拜他为相国，协助自己管理国家。就是这么一个富有奇妙智慧的邹忌，他到底有多美，谁也说不准确。他自己也十分喜爱自己的容貌，每天总爱照镜子。

这天早晨，邹忌穿戴好衣帽，照着镜子。他看见自己的眉毛似乎浓了一点，还发现额头上有几条抬头纹，就叫来妻子，问她：『我和城北徐公相比，谁美？』

徐公是齐国公认的美男子，邹忌只是远远地看过几眼，从来没有仔细地对着镜子和徐公比试过。

妻子看看眼前的相公，心里知道他比不上徐公，但也只好说：『当然是夫君美呀，那徐公怎么能和您比呀。他和你还相差好远呢。』

听了妻子的话，邹忌还是不敢确信，又叫来小妾。小妾是邹忌新娶来的，家境贫寒，卖身为奴而来到这里，她一听邹忌问她，便立刻回答：『相公，您怎么会问这样的问题，那徐公怎么能和您比呢？』

邹忌听了，十分高兴。

第二天，家里来了一个客人。此人是想拜托邹忌在齐王面前美言，在朝廷里谋一个官职的。寒暄几句后，邹忌问客人：『你老实告诉我，我和徐公相比，谁美？』

客人爽快地说：『大人，当然是您美，那徐公照您差远了。』

不久，徐公来到邹忌家里做客。邹忌看着徐公那刚健优美的步伐，从容自信的神态中蕴含着阳刚之气，自觉逊色几分。两人交谈之时，邹忌又仔细端详着徐公，再看看自己映在镜子中的脸，觉得自己比徐公差远了。徐公的眉毛像两柄利剑，配上那双会说话的眼睛，动人极了；而自己的眉眼由于长期陪伴齐王，早已变得向下低垂，不能上下闪动了。徐公的背笔直挺拔，双肩又平又齐，像一棵斗雪傲霜的苍松；而自己的背，由于多年在朝廷站立，不敢仰视，已经有点弯曲，双肩也变得一高一低了。

邹忌送走徐公后，久久伫立，沉思良久。他被徐公的美貌所打动，同时又为自己顾影自怜而难过。他再一次来到镜子前，越看自己缺点越多。

晚上，邹忌躺在床上，翻来覆去睡不着觉。他终于弄清了一个简单的事实：自己不如徐公美。那么为什么妻子、小妾和客人都异口同声地说自己比徐公美呢？答案是明摆着的：妻子说我美，是因为爱我；小妾说我美，是因为怕我；客人说我美，是因为有求于我。

第二天，邹忌来到朝廷，向齐王说了自己的思考：『我不如徐公漂亮。可是，我妻子、小妾和客人都认为我比徐公漂亮，是他们各有目的。如今齐国有方圆千里的疆土，一百二十座城池，宫中的妃子、近臣没有谁不偏爱您，朝中的大臣没有谁不害怕您，全国范围内到处都有想求您恩典的人，这样看，您听到的好话太多了，受到的蒙蔽太多了，这样就会蒙蔽您的眼睛，容易误事。』

齐王也深表同意：『是呀。』

邹忌又进一步说：『人只有真正认识自己，承认自己的好与坏、长与短，才能真正认识自己，利于进步啊。』

于是，齐王传下圣旨：『凡是能当面指出我的过错的人，受上赏；写信批评我的人，受中赏；在街头议论我的过失，传到我的耳朵里的，受下赏。』

命令下达之后，许多大臣都纷纷前来进谏。燕、赵、韩、魏等国听说了这件事，都到齐国来朝见齐王，齐国由此富强起来。

【品读】

尽管邹忌不愿意承认自己没有徐公俊美，但他还是接受了这个事实。邹忌的可贵之处就在于他能做到不自欺。邹忌的妻子爱他，姬妾畏他，而客有求于他，都说他美于城北徐公。邹忌最后排除了感情因素的干扰，悟出了一番治国平天下的大道理。劝说齐威王奖励群臣黎民进谏，主张革新政治，修订法律，选拔人才，奖励贤臣，处罚奸吏，使齐国渐渐强大起来。

知之始己，自知而后知人。假如你想要知道他人，就必须先了解自己。了解自己后，才能知人。这是一个人的优秀品格，是做大事的前提，成大事业的基础。看不到自己的缺点和不足，这是人们常爱犯的错误，由此带来的后果也是十分严重的。因为盲目自恃，就会做出不切合实际的事情来，碰壁之时，还会导致失败的结局。自欺欺人，改变不了事物固有的本质，只有对自己的估价有一个正确的态度，正确面对自己的长与短，才有利于进步与成长。

二、刘秀烧信收人心

汉光武帝刘秀是东汉王朝的开国皇帝，汉高祖的九世孙长沙定王的后裔。他九岁就成为孤儿，寄养在叔父刘良家里。他有两个哥哥，长兄刘縯、次兄刘仲，都气度恢宏，轻财仗义。

刘秀生得一表人才，待人接物，慷慨磊落，行事更是睿智勇毅。他才兼文武，豁达有大度，是一个兢兢业业、勤于政事的皇帝。他之所以在战争中能够克敌制胜，除注意讲求策略，善于以少胜多、出奇制胜外，还与他为人宽厚大度有关系。

28年，隗嚣徘徊在刘秀和公孙述之间，究竟要归顺两个人中的哪一个，他拿不准主意，便派马援作为他的使臣，前来会见刘秀。

马援自幼就聪明过人，人们都认为他是神童，在西州很有名气。刘秀接见马援这样一个关系重大的使者，却没有升堂坐殿，只是便衣便服，让一个宦官引导着马援来见他。他一见到马援就微笑着说：『先生敢往来于两个皇帝之间，见多识广。今天有幸见到你，真是深感荣幸。』

这一平易谦和的姿态，使马援立刻感到了一种明君的魅力。于是，马援叩头说：『当今的局势，君主在选择臣下，臣下也在选择君主。我也到过公孙述那里，他接见我时戒备森严，而今天陛下接见我，连警卫都没有，你难道不提防我是间谍刺客吗？』

刘秀又笑着说：『我知道你不是刺客，你只不过是个说客罢了。』

这次会见，让马援目睹了刘秀的宽宏气量，认为他才是一个真正的帝王之材，回去后竭力劝隗嚣归服刘秀，隗嚣不听，他就脱身自己归服了刘秀。

通过多年浴血奋战，刘秀终于取得了政权。他的手下有这样一批将领。他们擅长打仗，但并不懂得如何治理国家，不少人还往往自恃功高，不听命令，不遵法纪，为所欲为，如果继续受到重用，使他们身居高位，对东汉政权是一大威胁。因此，刘秀决定采取稳妥的方式，一方面给他们加官晋爵，另一方面剥夺他们的实际权力。为了达到目的，刘秀开始大封功臣。同时，对几位思念汉室，自称汉代的宗室，打出匡复汉室的旗号，对他不忠的人也有着宽厚的对待。

西汉末年，由于王莽篡位，天下大乱，起义称王者很多。身为绿林军大将的刘秀奉命到河北一带招兵买马，筹集粮草，自立为萧王。

当时邯郸有一个卜卦算命的先生王郎，冒充汉成帝后裔也起兵称帝于邯郸。自立汉帝，其兵攻取洲郡，一时很有气势。王郎担心刘秀会夺去他的地盘和王位，便举兵进攻刘秀。当时，刘秀的势力还不及王郎，所以在遭遇到王郎时，刘秀为了保存实力只能以退为主。

一天，刘秀以大司马的身份前往河北各州县巡抚，王郎就下令悬赏捉拿他，刘秀仓皇逃走。一时河北各郡纷纷望风归顺，尽属王郎。当时王郎军势颇盛，刘秀所部屡战屡败，形势一度十分危急。此时，刘秀的部下中有不少人悲观失望，暗中写信向王郎献殷勤，以便留条后路。幸得更始帝派来的援兵相助，刘秀集结兵力，经过数番激战，最后合围巨鹿，使敌人分兵，一举攻取了邯郸。刘秀稳住了阵脚，并开始反攻，逐步侵夺王郎的属地，最终攻占其都城邯郸，捕杀了王郎。王郎战败被杀，结束了皇帝梦。

刘秀收查王郎的往来信件，发现里面有手下官员写给王郎的上千封书信，内容很多是诋毁和诽谤他的。左右劝他严加追查，好一网打尽，刘秀未置可否。要是一般的皇帝，这个时候，肯定会大下杀手，这些昔日背叛他的人肯定都会落得一个杀头的下场，但刘秀却没有那样做。

这一天，刘秀把那些人召集在大殿，他也不说话，吩咐人搬来一个大火炉，并且点起炉火。士兵们的刀枪映着火光，平添了一种威严。这些人看着炉火，不知道刘秀葫芦里卖的什么药。不一会儿，刘秀叫人拿来了那些信件。那些与王郎有联系的人看了，立刻明白，顿时脸色苍白。他们知道，一旦追究，即使不被杀头，也要被关进大牢。

胆小的人开始瑟瑟发抖，胆大的也开始后悔没有早些逃走。

而这时，只见刘秀一副若无其事的样子，他说：『这些信我也没有看，来人啊，把信统统烧掉。』

一封封信被扔进炉子里，转眼之间就化为灰烬，众人长长出了一口气。

刘秀望着大家，笑道：『现在大家可以安心了。』

大家拜伏在地上，庆幸自己逃过了这一劫，也很感激刘秀放过了他们。

从此以后，再也没有人敢对刘秀有二心了。

【品读】

在现实生活当中，经常会碰到对自己不忠的人，那么，如何去面对？最好的办法就是从宽恕之心淡化处之，视而不见，表现出一种博大宽广的胸怀，容纳宽恕他人，事情过后，对方经过反思，很可能会改变对你的看法，他就会在你的宽恕中被你的人格所吸引，更加为你尽力工作。

这就是获取与给予的哲理。想要获取，就要先行给予。要想得到对方的信任，就要先给予对方以信任。如果事事针锋相对，双方的矛盾就会加剧，后果不堪设想。

西汉末期，群雄竞起，逐鹿中原，而刘秀能够脱颖而出、建功立业，这除了得益于他那运筹奇谋、知人善任的才略外，他那『不念旧恶』的度量也是帮了大忙的，其部下的开国元勋中多有原属敌对阵营者，即是明证。

刘秀看到信后，没有追问，而是当众烧毁，把自己下属的信任宽恕表现出来，给予他们以安定的人心，结果获得了更大的拥护与支持。『烧信』，突显出刘秀是深通人性的大师。『烧信』自然有收买人心之意，然而争天下的强人们谁不想收买人心呢？但怎么『收买』，就要看各人的胆识和品性了。假若换一位心胸狭窄、睚眦必报的人，面对这种『铁证如山』的『里通外国』的证据，肯定要对那些『立场不坚定』的人深挖严究，岂能轻易放过？但血腥的清洗带来的必将是人心惶惶，最终自乱阵脚，使天下得而复失。

三、张良巧计解危难

汉高祖刘邦开创西汉王国，于公元前202年称帝。因为被项羽立为汉王，所以建国时定国号为『汉』，但是，为了和后来刘秀建都洛阳的『汉』相区别，历史上称为『西汉』。

刘邦出身农家，早年当过亭长，为人豁达大度。

作为开国皇帝，刘邦登上帝位，一切都百废待兴，忙得不可开交。他封赏了二十多位大臣，其余的还一时来不及封赏。但那些没有得到封赏的大臣们心急如火。他们辛辛苦苦地跟着汉王打天下，吃了苦，流了血。现在汉朝建立了，他们以为会很快身居高位，荣华富贵，没有想到皇帝把这件事放在脑后不提了，当然是怨气满腹。

一天，刘邦在洛阳南宫附近看见很多将军聚在一起嘀咕什么，等他走近他们的时候，就停止了议论，只见将军们的脸上带有埋怨的神色。

刘邦感到奇怪，找来了张良，问：『你看见那些人了吗？他们在说些什么？』

刘邦即位称帝后，封张良为留侯。张良的一些谋略对刘邦稳固江山起到了重要的作用，可以这么说，刘邦的天下，一半是他的功劳。

张良一向料事如神，他似乎有些不客气，如实地对刘邦说：『陛下斩蛇起义，白手起家，全靠这些将士们出生入死才夺取了天下。现在，陛下打败了项羽，夺得了帝位，您位居天子，本来大家都是有功的，将军们最关心的就是授予官位和分封土地。而你封功臣却只封了一些老朋友和你喜欢的人，你不喜欢的人尽皆诛杀了，所封的都是故人，所杀的都是仇敌，将军们一边盼着陛下尽快对他们进行分封，一边又担心土地有限自己得不到封赏，还有一些人害怕平时得罪过陛下，会遭到陛下的处罚。所以他们聚集在一起密谋发难。要是处理得不合适，就会发生内乱。难道陛下忘了垓下一战后，为了庆祝胜利，大摆酒席，宴请群臣，酒酣耳热之际，陛下向众人提问时的事情？』

一句话让刘邦想起那时的情景。当时借着酒劲儿，他问大家，他如何能得天下，而项羽又如何失去天下？有的大臣恭维说：『陛下获天时、占地利。有上苍保佑，有神灵扶持，显示了真命天子的本色。』有的大臣补充道：『陛下更有人和，有功必赏，有过则罚，赏罚分明，故而众志成城，齐心协力，夺取天下。而项羽却嫉妒有才能的人，谁有本事就怀疑谁，打了胜仗也不记功，得到了土地也不给记功，因此，他才会失败。』

这时，刘邦吃了一惊，他刚做了汉朝的皇帝，天下初定，没有想到现在会因为封赏问题居然有人出来造反。

刘邦开始着急了，他忧心忡忡，问：『事到如今，该如何收拾呢？』

张良不慌不忙地说：『陛下不必惊慌，事情只要了解其本质后，总是有解决的办法。我有一计，可以对付这个局面。陛下请告诉我，平时您最恨的而且将军们都知道的人是谁？』

事已至此，刘邦只得如实相告：『我最恨的人是雍齿。此人作战勇猛，立过许多战功，在将士们中也有威望。可是他依仗着自己的功劳，说话不顾君臣之礼，几次让我在大臣面前难堪，使我受辱。我真想把他给杀了，以解我心头这口恶气。但想到那时正是用人之际，也就忍了。』

张良拍手笑道：『这就好了，陛下马上封雍齿为侯，那些拥有战功而担心陛下为难他们的人，看到陛下分封了自己最恨的人，就会消除一切顾虑，再也不会造反了。』

刘邦一时没有表态。雍齿是何方人氏？原来他和刘邦是同乡，出身豪强，秦二世二年（公元前208年），随刘邦起兵反秦。刘邦打败秦军后，任命雍齿驻守丰乡。雍齿经魏国人周市诱反，遂行背叛刘邦，后来几经反复后，又再次归向刘邦，因他曾经立过许多战功，所以，刘邦始终没有杀他。就是这样一个人，刘邦怎么能封赏他呢？

张良见刘邦没有说话，继续帮他分析当前的形势和利害关系。张良并不着急，他知道刘邦最后会听从他的建议的。因为刘邦进占咸阳后，见到秦宫室里的豪华的帷帐、狗马、珍宝和成百上千的美丽的宫女，就留恋起来，想长住宫中。樊哙劝说刘邦，刘邦不肯听。张良也极力劝说，刘邦终于听从劝告，退到霸上，得到了秦民的拥护。不久，项羽西进，打算进兵攻打刘邦固守的函谷关。张良曾经在项羽的叔叔项伯杀人后掩护过他，所以，项伯听到项羽要发兵的消息后，连夜到汉军中要张良赶紧逃命。张良认为丢下刘邦逃命不仗义，于是拉项伯去见刘邦。一方面说服刘邦委曲求全，一方面请项伯回去向项羽说情。刘邦听从了张良的建议，在鸿门宴上卑辞表示臣服，项庄舞剑想加害刘邦时，项伯又出来掩护，刘邦这才得以脱身逃出虎口。

公元前204年，刘邦被项羽包围在了荥阳（今河南荥阳），刘邦为摆脱困境，打算用郦食其的计谋，复立六国的后裔，牵制项羽。张良回来后，拿过刘邦面前的筷子，一条一条为刘邦陈述利害。张良说现在很多人跟随你四处奔走，就是想以后得到封地。如果你现在扶植六国后裔，等于把这些人的希望灭掉了，他们以后还要重新侍奉原来的君主。这些人肯定会离开你的。刘邦听了，马上改变了主意，把刻好的印信也销毁了，有许多事情，刘邦都是最后采纳了张良的建议。所以，这一次张良心里也有数。果然不出张良所料，刘邦采纳了张良的计策，说：『就按照你说的去做吧。』

于是，刘邦赶快下令封雍齿为什邡侯。一方面叫丞相御史办理定功行封手册，一方面置酒，亲自款待雍齿。刘邦当着大臣和将军们的面，封雍齿为什邡侯，又让丞相、御史加快定功封赏的进度。

雍齿做梦也没有想到会这样。什邡侯虽然不大，但食邑二千五百户，毕竟也是独占一方的诸侯国，并且荫及三世子孙。他相当于捡了一个什邡侯来当，连忙到什邡走马上任去了。

在这之前还准备闹事的将军们吃过酒宴，高高兴兴地说：『雍齿都能封，我们还有啥话说呢。现在好了，什么都不用担心了，我们就等着陛下的分封奖赏吧。』

张良的这一计策，平息了这场将要发生的叛乱，将军们的怨言也没有了。

【品读】

张良屡次向刘邦献策，刘邦的军队也因此屡战屡胜，所向披靡。刘邦很赏识他，常常采纳他的计策。张良受到了刘邦的另眼看待。

张良能够考察人的本质，顺应人的性情。做到反顾而回溯以往，回首察验未来，知古知今，了解对方，又知道自己。

其实，任何智谋的运用和成功，一定要以顺应他人为前提。对方是什么样的人，需要什么，避讳什么等都要胸中有数，只有了解这些，才能对症下药，采取方案，才能制服他人。事情就一定会成功。知人者智，而在知人之下再运用智谋，成功的概率就会很大，至少也能免于失败。

四、会看人的子恭

一天，有许周兄弟二人，自称是南朝梁王萧衍的管事黄门侍郎，前来投奔魏朝。

魏朝的皇帝接待了他们，问他们为什么来投魏？

许周兄弟二人回答说，自己久居官场，厌倦了名利场中的污浊。自己本来不贪图名利，不屑于荣华富贵，不愿意出来做官，只想寄情山水，流连于自然之中，闲云野鹤，任情往来。为此曾多次上书辞官回乡，因而触怒了朝廷，被贬到叫齐康郡那样一个偏远的小地方。二人越想越觉得郁闷，于是索性辞别南朝来投奔魏朝。他们来到这里，也不打算为官，只想寄情山水，满足自己归隐山林的愿望就成了。

朝中人士大多信以为真，只有朝廷中的司徒祭酒子恭，对许周二兄弟的话有些怀疑。

子恭禀报皇帝说：『陛下，臣认为此二人话语存有疑问，所以请陛下不要轻信为好。』

皇帝说：『子恭，你多虑了。』

子恭坚持自己的观点，他说：『陛下，也许我是多虑，但是，相信他人的同时也要提防他人，这样会对自己有利。准请陛下让臣去问问这二人。』

皇帝见子恭如此坚持，就批准了他，说：『好吧，你就去问问吧。』

于是，子恭找许周兄弟二人谈话。言谈中总觉得二人话语中有许多不实之处，再仔细考究他们申述的材料，十分含混，子恭心中顿生疑虑。他回来就对皇帝说：『许周二人自称是黄门侍郎，因贪恋山水，不愿为官，触怒梁王而遭贬，经过我的访查，他们所说的并无实证。再看看他们的表奏，又很模糊，从中分析推理，疑点很多。西周时夷齐隐居，周王不强迫他违背自己的志趣，伯况不受官禄，汉帝顺从其意予以成全，这说明古代圣王先哲，都遇到过不肯为官称臣的人，并不苦苦相逼。萧衍虽然偏据江左，称王称国，与我抗衡，当以其人其位，待人接物处事，尚不致违背礼教，岂有士人辞让利禄荣华而执意不准的道理。细细推究，岂不荒唐。再者说，假如确是萧衍昏庸狂乱，不识风雅，强迫隐士出来做官，如不到生死攸关之际，许周何苦轻易离开其生于斯、长于斯的故土呢？如果许周不好荣耀，不重官职，果然志在山水，那么一旦至此，便会手持木杖，身背行囊，遍访山川大河，方为洒脱高雅之士。今日观其举动，一到此地就四处奔走，访求故旧新友，造访掌权理事之人，显然已经显露了其求取官职利禄的心迹，哪里还有什么逃官避禄的高雅志向？昔日梁鸿、逢萌避官远遁，其目的只在于修身养性，追求潇洒自由而已，与许周二人所言所行，大相径庭，不可同日而语。』

皇帝点头道：『你言之有理。』

子恭又进而推断：『许周若真是屡次升迁，位高权重的话，其家业必大，人丁必然兴旺，今日远来归顺，怎么会孤孤单单就只有兄弟二人。假若是因为情势所逼，匆忙慌乱之中不能携家同归，则依照法律，其人背逃，其家业理应悉数没收充公，其家人不论男女老少，一律连坐治罪。可细观许周二人，怡然自得，不见丝毫忧郁悲伤的感情，若其本无亲戚族人，尚能解释，若有亲族家人而不因此受到牵连治罪，则应是萧衍有意派遣来此卧底的奸细，许周二人当非真心归降。总之推敲再三，是真是假，难以分辨，应速速派人，秘密到徐州、扬州进行调查，一定要查实，那么不过数旬，立辨真伪，是玉是石，一清二楚。』

皇帝说：『你的奏报，逐一剖析诸多于情理相悖的可疑之处，的确难以圆通。』

于是，皇帝便派人下扬徐二州进行察访，调查的人回来报告，果然有诈。原来二人在梁犯了罪，惧怕受罚，因而戴罪潜逃，到魏后为了立足，谋取官禄，便假称曾任黄门侍郎，又信口编造了逃官求隐之类的谎话。这一切正与子恭此前的分析推理相吻合，许周二人的真面目暴露无遗。

【品读】

语言有形象性，事物可用比喻。因为有形象与比喻，所以要观察藏在言辞下面的含义。一般地说，形象可以模拟事件，比喻可以比附言辞。以『无形』的规律来求得有声的言辞，引诱对方说出自己所要知道的事。如果对方言辞有矛盾，就要反复地追问他，对方真正的答辞就会出现，从而得到与人、事相吻合的真相。子恭识破了许周兄弟二人的谎言，凭借的就是这一点。

人无论是做事还是为人，相信自己的判断同时不忘提防别人，始终是有好处的。

五、东魏和西魏的战争

南北朝时，东魏的高欢和西魏的宇文泰，两个人都想统一天下，两军之间势必死战，进行了多次战争。

536年正月，高欢西征宇文泰，沿黄河河套南下，抵达蒲坂。蒲坂是自古以来兵家必争的运兵渡口，高欢令前军在黄河上，架设浮桥，然后，引军直逼长安。高欢兵分三路，对长安形成南北夹攻之势。

刚刚回师长安驻守的宇文泰确实是兵中奇才，他对诸将说：『高欢三面围住我军，搭建浮桥表示他要过河进击，实际上是想吸引我军注意力，目的在于牵制我军主力，准备和他们在黄河两岸相持。他的先锋官窦泰，就可以趁风陵兵力不足的机会，强渡黄河，攻占潼关要塞，将我军控制在关内，围而歼之。高欢自从起兵以来，总是派窦泰担任先锋，窦泰手下兵精卒锐，屡屡获胜，便生骄傲之心，目中无人，以为无人敢敌。骄兵必败，这次我们就先打窦泰，等窦泰一败，高欢不战自败。』

众将疑惑，提出疑问：『高欢离我们近，窦泰距我们远，舍近而击远，若有差错，让高欢主力过了黄河，我们悔都来不及了！』

宇文泰坚持说：『不必担心。用精兵突击，以迅雷不及掩耳之势，突然出击窦泰，定会万无一失。再说，高欢以为我们兵微将弱，只能防守，他根本就想不到，我们敢于袭击他的精锐前锋，况且窦泰有轻慢之心，乘此机会攻击他，何愁不获胜呢？』

宇文泰的族侄说：『如果在蒲坂迎击高欢军，窦泰肯定乘机从反面扑来，双方夹击下一定会失败。我建议选精锐兵骑直出小关（在潼关之左），窦泰性急必来赴战，而高欢行事谨慎，肯定观望，战胜窦泰后再回击高欢，敌军可破。』

宇文泰点头称是。然后，宇文泰使人故意放出风来，一方面谎称东魏攻伐，全军要退守陇右，另外一方面，又故意做出引军西退的样子，来麻痹高欢。宇文泰率领精兵，悄悄迂回包抄过去，沿着渭水，直奔潼关左边的禁谷。窦泰此时已经占了潼关，听说宇文泰大军突然出现，自恃骁勇的窦泰，立即从风陵渡过黄河，来攻击宇文泰。手下劝他说：『将军慎重考虑，这是不是宇文泰的诈术？』

窦泰不以为然，根本没有把宇文泰放在眼里，命令大军前行。

而这时宇文泰早已在牧泽设下埋伏，用疑兵引诱窦泰进入重围。窦泰铁骑进入伏击圈之后，才知道上当，可是为时已晚。高欢听到窦泰全军覆没的消息之后，差点晕倒，知道情势不妙，急速撤回全军，落荒而逃。

由于黄河冰薄，人兵辎重无法过去，高欢只能撤毁浮桥回军。西魏军从后追击，高欢殿后的大将薛孤延一战之中砍坏十五把钢刀，战事异常惨烈，最终才保得高欢一行人逃脱。双方第一次交手，以高欢失败告终。

537年，高欢自已带兵二十万，自壶口出发赶往蒲津。第二次东西魏大战（河苑之战）开始。由于关中旱灾大饥，宇文泰不到一万的军马在恒农谷仓休整了五十多天，好容易才歇缓过来。听说高欢渡河来战，赶忙入关准备。

这时，高欢手下高敖曹带三万兵马就把桓农团团围住。高欢的参谋劝说道：『西魏贼兵连年饥荒，所以冒险到陕州来抢仓粟粮食，现在高敖曹已经围住桓农粮仓，粮食运不出去。我们最好分兵诸道，不与敌兵接战，等到麦秋时分，敌方军民饿死大半，宇文泰不死也得投降。所以我们最好别渡黄河。』

大将侯景也劝告：『我军几十万士兵一举前来，万一不胜，一时难以集结兵马。不如把大军一分为二，相继而进。前军若胜，后军全力攻上；前军若败，后军可以接应，到时作为后备队出击迎敌。』

高欢对这两条意见都没有听进去，自蒲津渡过黄河前进。

宇文泰到了渭水南岸，他认为高欢如果到了长安，肯定人情民心全都会降服于他。现在趁他远来新到，正好可以一举击破。于是，造浮桥渡渭河，令军士精装带三天粮食，距高欢军六十里屯军。

宇文泰手下李弼认为敌众我寡，不能平地置阵，可在十里以外渭曲长满芦苇的沼泽地埋伏。宇文泰觉得此计可行，命令军士都偃旗息鼓，埋伏在芦苇丛中，听见鼓声就一齐冲出。

高欢部下都督斛律羌举劝说宇文泰只想决一死战，渭曲芦苇茂密，泥泞不堪，士兵交战用不上全力，不如与其相持，再暗中派精兵掩袭长安，端掉敌军的老窝，如此则宇文泰必可生擒。

高欢不听。大将彭乐盛气请战，大声嚷嚷道：『我们人多势众，百人擒一，还怕不打胜仗吗？』于是高欢下令进击。

东魏兵望见寥寥无几的西魏兵，个个贪功冒进，应有的战阵散不成形。两军相交之际，宇文泰亲自擂响鼓号，埋伏于芦苇丛中的兵士奋身而起，李弼师一支铁甲骑兵又从侧面突出横击，东魏军队被截成两段，军卒大恐。看见军伍散乱，高欢想先收兵集结后再出击。点名官禀告说众营皆空，兵士死散。高欢不甘心，还在犹豫。大将斛律金劝说：『众心离散，不可复用，我们应该立即奔往黄河以东。』

高欢据鞍叹息不动，斛律金以鞭击打战马，一行人逃走，到了河边差点没找到船，狼狈渡河。此战下来，高欢丧失甲士八万人，丢弃铠仗十八万。西魏宇文泰经此一胜，兵精粮足，皆大欢喜。

【品读】

高欢败给宇文泰的原因，是因为他的骄傲，听不进去任何人的见解导致的。而宇文泰正好相反，他善于从反面听取别人的言论，不但可以了解到实情，还可以做到随机应变，对对手的控制也很周密。反之，得到的情况不明了，心里就没有数，盲目行动定会遭到失败。一个人的才能越高，见闻越广，就越应该处处收敛锋芒，听取吸纳他人的意见，这样才能做到万无一失。

六、古弼直谏太武帝

古弼是北魏太武帝拓跋焘主政时的大臣。这个人很正直，只认理不认人。古弼原来叫什么名字，史书上没有记载，只说他『后改名弼』。这个名字还是魏明元帝拓跋嗣给他改的，意思是古弼是个『辅佐之材』。在改这个名字之前，拓跋嗣还曾赐过一个名字给他，叫『古笔』，意思是古弼这个人，不但像笔一样有用，而且像笔一样直。

大概也是因为古弼的头长得尖，像毛笔头一样，人们于是都亲切地称他为『笔公』，而魏太武帝拓跋焘则昵称他『笔头』。有时发起怒来，便骂他『笔头奴』。总之，古弼这个人，真的像笔一样直而有用。发生在444年的三件事，完全可以说明这一点。

这一年的正月，古弼收到一封群众来信，反映皇家的上谷苑囿占地太多，老百姓都无田耕种了，希望朝廷减掉大半分给贫民耕种。古弼读后，觉得意见很好，就马上去见皇帝拓跋焘，要把意见奏给他听。

当时，拓跋焘跟给事中刘树下围棋，正在兴头上，古弼进来，拓跋焘就像没有看到一样。古弼在旁边坐了很久，也没有获得奏事的机会。古弼火了，突然站起来，揪住刘树的头发，把他拉下床，然后扑上去，又是扇他的耳朵，又是打他的背，并且边打边骂：『国家的事情没有治理好，都是你这个小子的罪过！』

拓跋焘脸都变色了，十分尴尬，丢下手中的棋子说：『没有听你奏事，错误在我。刘树有什么罪过？快停手，不要打了！』

古弼这才放过刘树，把事情奏给皇帝听。事后，古弼也觉得自己的举动太失礼了，于是光着头、赤着脚到官署里去『自劾请罪』。拓跋焘知道了，便把他召去，对他说：『你有什么罪过啊？快把帽子戴上，把鞋穿上吧！以后，只要是利国利民的事，你做就是了！即使「颠沛造次」，你做了，也不要有什么顾虑！』

拓跋焘，是魏道武帝之孙、明元帝之子。泰常八年（423年）即位。他为人勇健，善于指挥。有知人之明，常从士伍中选拔人才。赏不遗贱，罚不避贵。自奉俭朴，而赏赐功臣绝无吝惜。认为功臣勤劳日久，应让他们以爵归第，随时朝见宴饷，百官职务则可另简贤能。总之，他是一个好皇帝。

这一天，太武帝赴西河打猎，让古弼留守京城，命令古弼为随从骑士选送良马，以便狩猎。

圣意如山，谁敢违抗？可是到了狩猎的那一天，太武帝惊奇地发现，古弼送去的却都是羸弱的瘦马，行动缓慢，哪里能追得上猎物？

太武帝怒道：『这个笔头奴如此不听话，竟敢节制捉弄我，等我回宫后定要杀掉他！』

古弼周围的人都为他担心，心想这次他一定性命难保。回到宫中，太武帝并没有下令杀掉古弼，而是冷静下来，把古弼叫到大殿上，询问为什么不听他的话。

古弼不慌不忙，十分镇定，他说：『替君王办事，不能使君王玩得尽兴，这是小人的罪过；但假如不为危急时刻做出准备，这才是大罪。现在北狄南朝的敌人正在窥探时机，随时准备入侵，这是我所担忧的。养战马是为了让战士驰骋，以防强敌入侵。我要挑选好马充实国防，假如这样对国家有好处，我又何惜一死。

皇上行猎，用一些劣马已尽够了。朝廷有什么责罚，全由我承担。明主会分清是非。此事与别人无关。』

太武帝听了古弼述说完之后，知道了古弼选送劣马的原因，沉吟半晌，叹道：『有这样如此用心的臣子，的确是国家之宝。』于是『赐衣一袭、马两匹、鹿十头』。

从河西打猎回来不几天，拓跋焘又到京城的北山去打猎了。这次打猎收获甚丰，猎获麋鹿数千头。因数量太多，运输成了问题，便下诏书给尚书令古弼，要求古弼速派五百辆车来接运麋鹿。送信的人去了不久，皇帝深知古弼的脾气与为人，他醒悟到这次肯定又要碰钉子，便对左右将士说：『依我看，笔公一定不会给我征发民车来，你们还不如就用马把麋鹿运回去吧！』说完，就命令大家动身回京城。走了百来里，遇到送信的人回来，古弼真的奏表说：『今年秋天谷穗下垂金黄，桑麻大豆遍布田野，野猪野鹿常去偷吃，飞鸟大雁亦来啄食，再加上风吹雨打，这样的损耗，早上与晚上就相差三倍。乞请皇上允许推迟延缓运送麋鹿，以便把谷子尽快收割，运入国库。』

皇帝看后，说道：『果然与我所说一般，他可谓社稷之臣、国家栋梁啊。』

【品读】

在事情面前，能让保持自己沉默，静听对方的倾诉、主张、陈情，这才是一个领导者的风度。太武帝能够做到让古弼说清原因，才真正认识到古弼是国家的栋梁之材。鬼谷子认为，古代以大道教化众生的圣人，所以能与无形共生共存，是自然物化的规律，古弼所做的事情，都是从国家和民众的利益出发的，所以堪称圣贤。

七、后赵皇帝与羯字

石勒，幼名訇勒，后得字世龙，生于西晋武帝咸宁五年。起兵赵魏后，汲桑令他更姓为石，始名石勒。石勒祖先是匈奴族中羌渠部的后裔。在西晋初年归属武帝，与晋人杂居。他的父祖都是部落小帅。祖名耶奕于，父名乞翼加，又名周曷朱。石勒少年时有大志，十四岁时曾随本邑商人到洛阳贩卖物品，王衍惊异于他的声貌，认为此『胡雏』有奇志。

咸和五年（330年）石勒称皇帝，以襄国（今河北邢台）为都城，自称赵王，史称『后赵』。

石勒由羯族的部落小帅之子沦为汉族地主的耕奴，继而为将军，以至成为十六国时期后赵的皇帝。石勒称帝的经历和治国措施对封建社会的帝王，特别是少数民族建立的王朝产生过不小的影响。

石勒是受汉文化影响较深的杰出的少数民族帝王，他以汉族贤明皇帝为楷模，重视汉文化的继承和发扬。

石勒少年时有大志。当时，并州地方闹饥荒，他和部落失散了，然后沦为汉族地主的耕奴。他曾经被乱兵捉住，关在囚车里，正好他的囚车旁边，有群鹿跑过，乱兵纷纷去追赶鹿群去了，他才有机会逃生。

晋惠帝大安元年，天下大乱。受尽苦难的石勒，在没有出路的情况下，就招集一群流民，组成了一支强悍的队伍。

刘渊起兵以后，石勒在刘渊部下当了一员大将。他没有受到过汉族文化教育，不识汉字。永嘉二年（308），刘渊称帝，授石勒持节、平东大将军。任大将以后，他渐渐懂得要成大事业，光靠武力不行，就依靠一个汉族士人，收留了一批北方汉族中贫苦的读书人，组织了一个『君子营』，对读书人大加抚慰，大加优待，在读书人面前，他十分谦虚。

石勒自己没有文化，却十分重视读书人。称帝以后，他命令部下，凡是捉到读书人，不许杀死，一定要送到襄国来，让他自己处理。石勒不识字，却很喜欢读书，常常找来一些读书人把书讲给他听，一边听，一边随时发表自己的意见和见解。有一次，他让人给他讲读《汉书》，当听到有人劝汉高祖封旧六国贵族后代的时候，他说：『咳，刘邦采取这样错误的做法，怎么能得天下呢？』讲书人给他解释，后来张良劝阻了刘邦，汉高祖没有这样做。石勒点头说：『这就对了』。

石勒还采用了汉朝选官制和办学培养人才。下令公卿为官每年推荐贤良、方正、直言、秀异、至孝、廉清各一人，通过答策选择任官。还亲自到郡县接见文学之士，对有才能的给以奖励或任用为官。在襄国设立太学、小学十余所，把将佐豪佑的子弟送入学校学习。太学中前几名选用著作郎。还下令郡中集学子进郡立学校，并制定了考试三次学业修成的制度，后来制定了秀、考试经之制。在社会上树立了一种重知识、重人品、重人才的风尚。这与晋朝腐朽的选官制相比，自有一种清新进步的风气。

石勒本身是胡人，他心里非常明白中原人根本瞧不起胡人，他把胡人称为『国人』，汉人称『赵人』。他反对汉族人对他的民族使用嘲弄的称谓，就严禁部下提到『胡』『羯』两字，违反者一律重罚。

汉族人樊坦被石勒任用做官，一天，樊坦进宫朝见他的时候，石勒发现他穿了一身破烂的衣服。

石勒吃惊地问他：『你怎么穷到这步田地？』

樊坦忘记了禁令，回答说：『刚刚碰到一批羯贼，把我的家当全部抢走了，所以没有一件像样的衣服……』

一旁的大臣们知道樊坦犯了大忌，都暗中替他捏把冷汗。

石勒知道樊坦吃了亏、非常生气才会这么说，就好像没有什么事情发生似的，说：『羯贼这样乱抢东西，太不应该！我来替他们赔偿吧！』

樊坦忽然想起来了，自己方才出语不慎，触犯了禁令，立时吓得浑身发抖，连忙向石勒请罪。

石勒笑着说：『算了，我这个禁令，是对付一般百姓的，你不是故意这样说的，我不责怪你。』

中午，石勒御赐樊坦午膳。石勒指着一盘胡瓜问樊坦：『卿知此物何名？』

樊坦看出这是石勒故意在考问他，便恭恭敬敬地回答道：『紫案佳肴，银杯绿茶，金樽甘露，玉盘黄瓜。』

黄瓜原名叫胡瓜，是汉朝张骞出使西域时带回来的。胡瓜更名为黄瓜，便始于此。

石勒听后，满意地笑了。还赏赐给了樊坦衣服和钱财，一辆车、一匹马。大臣们对石勒的宽宏十分敬佩，对他更是加倍地维护了。

331年六月，石勒突然病倒，卧床不起，病情加重。他口授一份遗嘱：『我死后三天就葬，在这期间不准禁止婚娶、祭礼、饮酒、食肉，各镇牧守不准前来奔丧；送丧时只用一般车辆，坟墓内不准埋葬金、宝、玩器。』没过几天，石勒就死了。当天夜里，石勒的侄子石虎把他偷偷地埋在山谷深处，过了十二天才为他发丧。

【品读】

石勒能够原谅樊坦，是他知道樊坦不是故意为之。因为，任何不良事情的发生，都是有原因的，都是可以原谅和宽恕的。对于对方那些不好的话语，要静听，并且反复推敲，得出真实的情况，才能采取下一步的行动。在过失面前，人们只知道宽恕自己，更应该懂得要宽恕他人。哪怕是不可救药的恶，哪怕对方还会不可饶恕地再度犯罪，也要用宽恕去改造他，让其自行悔过。所有的罪在宽恕、慈悲的光芒中会渐渐消融，只有这样，你的人格才能在宽容的光芒中得以显现。人们会自动向你靠拢，全力辅佐你的事业成功。这是赢得人心、维护自己的一种好手段。

八、冯道之『道』

后晋高祖石敬瑭称帝后，割燕云十六州给契丹，承诺每年给契丹布帛三十万匹。燕云十六州乃北部天然屏障，至此中原完全暴露在契丹铁蹄之下。以后燕云十六州成为辽国南下掠夺中原的基地，使北方社会经济遭到了严重的破坏，贻害长达四百年。石敬瑭对于契丹百依百顺，非常谨慎，每次书信皆用表，以此表示君臣有别，称太宗为『父皇帝』，自称『臣』，为『儿皇帝』。每当契丹使臣至，便拜受诏敕，除岁输三十万布帛外，每逢吉凶庆吊之事，不时赠送好奇之物，以致赠送玩好奇异的车队相继于道。

高祖石敬瑭为了打败后唐末帝，入主中原，夺得天下，求得契丹出兵援助，需要派一名重臣为礼仪使者，到契丹主耶律得光和萧太后上尊号。

这次派人去契丹国，心中的理想人选是宰相冯道。况且，契丹主耶律得光对冯道也十分赏识，这次就点名要冯道去。

身为六个皇帝的宰相的冯道，是瀛洲景城人。一生的抱负是『为大君致一统，定八方』，唐末时期，他投在刘守光帐下做参军，刘守光败后，他又投河东监军张承业当巡官。张承业重视他的『文章履行』，推荐给晋王李克用，任河东节度掌书记。后唐庄宗时任户部尚书、翰林学士，明宗时出任宰相。后晋高祖时任宰相，契丹灭晋后，被任为太傅，后汉代晋后任太师，后周代汉后依然任太师。

周世宗征北汉前，冯道极力劝阻，激怒了周世宗，因而不让他随军，令他监修周太祖陵墓。当时冯道已患病，葬礼完成后就去世了，被周世宗追封为瀛王。

冯道并无显赫的家世，祖上有时务农，有时教书，地位都很低，但冯道自幼沉稳忠厚，不挑剔吃穿，又十分孝顺，只知道读书，即使是『大雪拥户，凝尘满席』，也不能改变他对学习的执著。无论是在当时还是在后世，无论是景仰他还是鄙视他的人，对他的才学都是十分敬佩。

因为此次去契丹国有一定的危险，所以，高祖石敬瑭也一时感到难以启齿，便叫几名宰相商议决定。可是，商量来商量去的结果还是非冯道不可。

高祖石敬瑭下达了圣旨。当捧着诏书的小吏来到冯道办公的地方，便痛哭起来。冯道和几名同僚见状大惊，小吏说明了理由，因为自己的皇帝对外藩称臣、称儿，实在是太屈辱了。此时，几名宰相都吓得面无人声，唯恐这件既危险又屈辱的事落到自己的头上。

其他人听说自己有可能要到契丹去，脸色都变了，手也发抖，冯道却镇静地在一张纸上写了两个字『道去』，大家看了之后，流下了眼泪。

石敬瑭不愿让他去，知道很难再回来，问他说：『契丹路途遥远，且深入沙漠，人心又险恶，你能受得了吗？』

冯道说：『陛下受契丹主恩，臣受陛下恩，有什么不可以呢？』

这次冯道经受了一次考验，契丹原来就想抢走他没有得逞，现在直接要他去，名义是出使，实际是想把他要走，所以，此次是有去无回。

于是，冯道不辞劳苦，带了礼物去了北国。契丹王听说冯道要来了，就要亲自迎接，有大臣劝阻说：『天子没有迎接宰相的礼节。』契丹王这才没有去。

耶律德光盛宴款待冯道，让冯道十分感动，不由得落下了眼泪。

冯道到了契丹后，契丹主对他很重视，他受到极高的礼遇，还被契丹主留下做官，并给了他一个契丹太傅的官衔。契丹族的风俗只赐给贵重大臣象牙，或在猎日赐牛头，有一样就是特殊的宠幸，冯道却全得到了。

耶律德光很欣赏冯道，常与他在一起说话。

有一天，耶律德光来到冯道的住处，问：『天下百姓这样苦，如何救得？』

冯道只好献媚了，说：『此时此地如来佛出世也救不得，只有皇帝您才能救得。』

耶律德光责备冯道为什么要侍奉后晋，冯道一时不能回答。

耶律德光又问：『那你为什么来朝见我？』

冯道答道：『无城无兵，安敢不来。』

耶律德光又讥刺道：『你是何等老子？』

冯道答道：『无才无德痴顽老子。』

冯道应答有趣，引得耶律德光甚为高兴。

后来，有降臣告发冯道有过反契丹的活动时，耶律德光已经不相信了，他这样说冯道：『不是爱多事之人，勿妄引。』可见，此时耶律德光已经很信任冯道了。

在契丹这里，冯道待遇极高，但锦衣玉食也无法改变冯道对故土的深情，为能回到中原，冯道用心与耶律德光周旋。

有一次，耶律德光话中流露出留下冯道的意思。冯道便说：『南朝为子，北朝为父，两朝为臣，岂有分别哉。』

耶律德光听了更是十分欢喜，赏赐冯道许多好东西。冯道把得到的赏赐都换成薪炭。别人不理解，他就这样解释说：『北地太冷，我年老难以抵御，所以早做准备。』像要久留的意思。

此事传到耶律德光那里，见冯道这样，契丹王耶律德光很感动，他起初想扣留后晋使者，见冯道既忠厚又顺从，就让他回去。冯道为表忠心，却三次推辞请求留下来，耶律德光更是感动不已。冯道上表称自己眷恋契丹，不忍离去。契丹王却一再催他，让他快些走。

冯道又在驿馆住了一个月，这才起程上路，终于踏上返回中原的路途。路上也走得很慢，契丹的官员让住就住，契丹主派人查探后，愈加放心。两个月才走出契丹边界。左右随从不解地问：『从北边能回来，我们都恨不得插上翅膀飞，您还要住宿停留，为什么这样啊？』

冯道说：『纵使你急速返回，那契丹的良马一夜就能追上，根本就逃不掉，慢慢走反倒能安全返回。』

大家听了，叹服不止。

回到中原后不久，冯道又被加封司徒、鲁国公，可谓是位极人臣了。在后汉冯道仍然被授予太师，生活得自由又自在，为此他还写了篇《长乐老自叙》，将他历代的官职都列了出来，他也说了一些为人处世的道理，如『口无不道之言，门无不义之财』。他说死后希望选择一块无用之地埋葬即可，不像别人那样，嘴里含珠玉下葬。也不穿豪华的寿衣，用普通的粗席子安葬就行。最后，冯道说他唯一遗憾的是不能辅佐明君完成统一大业，安定八方，所以有愧于曾经担任的官职。他还拿自己的俸禄重修了孔庙，使传统文化得以保全。

【品读】

冯道用各种生活假象，骗过了契丹主耶律德光，才得以返回故乡中原。任何事情都有虚伪与真实两种对立的因素存在。在条件不利于自己的情况下，利用虚伪来迷惑对方，为日后保存实力，也是一种保身之术，求得平安与生存，才好为以后的发展储备力量。

九、陈子昂摔胡琴

陈子昂，字伯玉，四川射洪县人。少年时家庭比较富裕，轻财好施，慷慨任侠。少年时代曾闭门读书，遍览经史百家，树立了远大的政治抱负。成年后始发愤攻读，博览群书，擅长写作。同时关心国事，想在政治上有所建树。

陈子昂自知所学足以应试，于是决定去京求得功名。他从家乡来到京师长安，在京城长安宣阳里买了个宅子，参加科举考试。他既无名气，也没有当朝权贵为后台，人地生疏，求师无门，拜友无处。好多日子过去了，仍然籍籍无名，他的心情越来越郁闷。对天感慨自己才高八斗学富五车，却没有进身的机会，每日只能望空叹惋，思谋着如何才能出人头地。

陈子昂是个聪明之人，他认为在此陌生的环境里非自己打开局面不可，也知道找名流推荐，自己介绍等正常的办法很难达到目的。为了一举成名，他自编自导了一出轰动长安的喜剧。

这一天，他因为心情烦闷，只身在大街上闲逛。忽然看见前面有一群人，他就凑上前去，他看见大伙围着个卖胡琴的，因为少一百万钱不卖，围观的人多数都因为价钱不菲，而望『琴』兴叹，可又不忍心离开。围观的人越聚越多，陈子昂挤进人群，突然灵机一动。他对卖琴人说：『好琴，好琴。你这把琴我买了，你到我家取一千缗钱。』

卖琴的以为听错了：『公子，您是说一千缗（一千钱等于一缗，一千缗等于一百万钱）钱吗？』

众人一听，惊得目瞪口呆。

陈子昂大方地说：『没错，一千缗钱，快和我去取吧。』

有人问陈子昂：『怎么出了这么大的价钱？值吗？公子能给我们演奏一曲吗？』

陈子昂颇有些得意地笑了笑，说：『这儿太吵闹了，想听演奏的，明天中午到宣阳里陈府我的住处来吧。』

陈子昂说完，就大摇大摆地走了。围观的人可蒙了，四外嚷嚷，长安城来了个拉胡琴的高手……居然把陈子昂传得神乎其神。

第二天中午，宣阳里胡同聚集了许多慕名而来的人，其中有许多文人雅士，社会名流。陈子昂客气地招待了大家一顿丰盛的酒菜，直到吃完了，也绝口不提胡琴演奏那档子事情，弄得大家莫名其妙。终于就有客人沉不住气了，追问他什么时候让大家一饱耳福，不禁问：『公子，我们是慕名来听你演奏的。』

陈子昂这才对众人说：『我乃四川陈子昂，诗词雅致，文章风流，寓居京师，却不为人所知。我所买的这个胡琴，只不过是乐工演奏的器具，根本就不是我的兴趣所在。』说着把胡琴摔碎在地上，然后，拿出自己的文章，散发给客人们看，客人们都赞叹他的文章好。

陈子昂就以这么一个非常的举动，结果『一日之内，名满天下』，名声在一天之内，就传遍了京师。参加科举考试，果然折桂。从此，他的诗文为世所重。以其进步、充实的思想内容，质朴、刚健的语言风格，对整个唐代诗歌产生了巨大的影响。其后张九龄的《感遇》诗、李白的《古风》，都以他的《感遇》诗为学习的楷模。杜甫对他评价极高：『公生扬马后，名与日月悬。』

【品读】

陈子昂是自我炒作，他如果不花高价买胡琴，又怎么能惹众人的注意，怎么能有出头之日？做人做事需要正直、循规蹈矩、百般因循，这样固然稳健，可是事有非常之时，人心也会变幻于一瞬，凡事不能千篇一律。如果不知道变通，就有可能碰钉子，甚至遭到失败。

有时候，人的工作和生活环境是无法选择的，所以头脑一定要灵活。遇事该方则方，不该方时就要圆。就像由阴变阳、由阳转阴，像圆变方，又像方变圆一样自如。尤其是在对自己不利的情况下，应将方圆结合，以求成功，不能拘泥于惯常的情理，而坐失成功的良机。机智者每临大事，能因时得势，打破常规，从经验中跳出来，在现实中占领制高点，进而求得成功。

懂得见机行事，方圆并用，是做大事成功的基础。

一〇、温良的长孙皇后

长孙皇后是隋朝骁卫将军长孙晟的女儿，生长在官宦世家，自幼接受了一整套正统的教育，形成了知书达理，贤淑温柔，正直善良的品性。她十三岁时便嫁给了年方十七岁的李世民为妻，年龄虽小，但已能尽行妇道，悉心侍奉公婆，相夫教子，是一个非常称职的媳妇，深得丈夫和公婆的欢心。

李世民少年有为，文武双全，二十一岁随父亲李渊在太原起兵，亲率大军攻下隋都长安，使李渊登上天子宝座，成为大唐王朝的开国之主——唐高祖。李渊称帝后，封李世民为秦王，负责节制关东兵马，数年之内，李世民就挥兵扫平了中原一带的割据势力，完成了大唐统一大业。唐高祖因之加封他为天策上将，位置在其他诸王公之上。

李世民征战南北期间，长孙王妃紧紧追随着丈夫四处奔波，照料他的生活起居，使他在繁忙的战事之余能得到温柔的抚慰，从而使他在作战中更加精神抖擞，所向无敌。

唐高祖武德九年八月，李渊在玄武门兵变之后，禅位给李世民，李世民就成了大唐的主人——唐太宗。长孙王妃也随即立为母仪天下的长孙皇后，应验了卜卦先生说她『坤载万物』的预言，做了至高无上的皇后。但是，一如既往地保持着慈爱恭敬的美德。并不因之而骄矜自傲，她一如既往地保持着贤良恭俭的美德。对于年老赋闲的太上皇李渊，她十分恭敬而细致地侍奉，每日早晚必去请安，时时提醒太上皇身旁的宫女怎样调节他的生活起居，像一个普通的儿媳那样努力竭尽孝道。

有一次，李渊患病，她亲自到御膳房，做了几样可口的饭菜，端到老人面前，一口口地喂他吃。感动得这个昔日的老皇帝，逢人就夸，他有了一个贤惠、恭敬的好儿媳妇。

后宫的嫔妃们，一贯是争风吃醋，明争暗夺。但是，作为后宫之主的长孙皇后，非常宽容和顺，并不一心和那些女人争宠，反而经常规劝李世民要公平地对待每一位妃嫔。所以，她掌管的后宫很少出现惑乱人心的事。

当初隋文帝的独孤皇后虽然也曾把后宫治理得井然有序，但她靠的是专制的政策和手腕；而长孙皇后只凭着自己的端庄品性，无言地影响和感化了整个后宫的气氛，使唐太宗不受后宫是非的干扰，能专心致志料理军国大事。正因为她的所作所为端直有道，唐太宗对她也十分器重，回到后宫，常与她谈起一些军国大事及赏罚细节。

长孙皇后虽然是一个很有见地的女人，但她不愿以自己特殊的身份干预国家大事，她有自己的一套处事原则，认为男女有别，应各司其职，因而她说：『母鸡司晨，终非正道，妇人预闻政事，亦为不祥。』

唐太宗却坚持要听她的看法，长孙皇后拗不过，就说出了自己经过深思熟虑而得出的见解：『居安思危，任贤纳谏而已，其他妾就不了解了。』她提出的是原则，而不愿用细枝末节的建议来束缚丈夫，她十分相信李世民手下那批谋臣贤士的能力。

魏征常对唐太宗的一些不当的行为和政策，直截了当地当面指出，并力劝他改正，让唐太宗常常觉得面子上过不去。

这个魏征，在隋末唐初，太子李建成听说他有才华，封他为太子洗马，负责管理图书经籍，在此期间，他屡次给李建成提出许多对付李世民的建议。『玄武门政变』之后，李世民俘虏了魏征，并当众责问他为什么挑拨他们兄弟间的关系。魏征坚持不屈，还为李建成没有听从他的忠告，最终败给了李世民而遗憾。对此，唐太宗李世民不仅没有为难他，反而十分赏识和钦佩他的胆识和才干，赦免了他，并任用他为掌管太子文书的管事主簿（太子秘书），后又提升他为谏议大夫（职责是专门向皇帝提意见）和随侍左右参与决策的尚书丞（宫廷秘书长）。

魏征对唐太宗的劝谏，大到长治久安的军国大计，小到皇帝个人的起居生活，涉及许多方面，也不讲究方式方法，常常使唐太宗打心底里受不了。

公元637年，唐太宗出巡洛阳，在显仁宫停留，因宫苑方面安排照顾不周，唐太宗便小题大做，对当地官民大加责罚。魏征知道后，便批评唐太宗说：『陛下，隋炀帝就是因奢侈无度亡国的。现在因为供应接待不好就乱发脾气，以后就会拼命供奉陛下以求陛下满意。供应是有限的，而人的奢侈欲是无限的，如此下去，隋朝灭亡的悲剧又该重演了。』

唐太宗无言以对，只好表示今后再不发生此事。

唐太宗酷好打猎，称帝后仍然兴趣不减，经常兴师动众，出城围猎，不少大臣委言相劝，唐太宗认为这是练习骑射，有利于国，不听劝谏。

一天，唐太宗兴致突发，带了一大群护卫近臣，要去郊外狩猎。正待出宫门时，迎面遇上了魏征，魏征问明了情况，当即对唐太宗进言道：『眼下时值仲春，万物萌生，禽兽哺幼，不宜狩猎，还请陛下返宫。』

唐太宗不听魏征的劝阻，翻身上马，说：『如今天下虽然太平，但也不能放松武备。我外出围猎，练武强身，不惊动百姓，又有什么不好呢？』

唐太宗就要前行，魏征抓住马缰不放，厉声说道：『今日陛下不听微臣劝阻，定要出宫，就让马从我的身上踏过去好了。我纵然被踏成肉泥，也不会放掉缰绳，否则，陛下休想出宫！』

唐太宗一再命他松手，左右侍从也来劝他，魏征一概不理，死死抓住马缰不放，激昂地对太宗说：『只要我还有一口气，就不愿看到陛下做天子不应当做的事情。』魏征不肯妥协，站在路中坚决拦住唐太宗的去路，唐太宗怒不可遏。

唐太宗见魏征这样固执，怒火中烧，大声喝道：『我贵为天子，万乘之主，难道连这点自由都没有了吗？』立即命武士将魏征抓起来。几个武士应声而至，抓着魏征的衣领，扭着他的双手就往外拖。魏征面临杀身之祸毫无惧色，大声说道：『我宁肯直言进谏而死，与被夏桀杀害的关龙逢同游地下，也胜过苟活于世，看陛下犯过而不改。』

唐太宗无奈，只好下马，气冲冲地返回宫中，左右的人见了都替魏征捏一把汗。唐太宗回宫见到了长孙皇后，犹自义愤填膺地说：『一定要杀掉魏征这个老顽固，才能一泄我心头之恨，居然管起我来了。』

长孙皇后柔声问明了原由，也不说什么，只悄悄地回到内室穿戴上礼服，然后面容庄重地来到太宗面前，叩首即拜，口中直称：『恭祝陛下。』这一举措弄得唐太宗满头雾水，不知她葫芦里卖的什么药，因而吃惊地问：『何事如此慎重？』

长孙皇后一本正经地回答：『妾闻主明才有臣直，今魏征直谏，由此可见陛下之明，妾故恭祝陛下。』

唐太宗听了心中一怔，觉得皇后说得甚是在理，于是满天阴云随之而消，魏征也就得以保住了他的地位和性命，唐太宗身边亦多了一个名臣。由此可见，长孙皇后宽宏的气度和不凡的见识，使唐太宗避免了一次大的过失。

魏征死后，唐太宗反而十分痛心，悲叹道：『用人作镜子，可以看到自己的过错。现在魏征去世了，使我失去了一面镜子。』

长孙皇后不仅救了魏征一命，还派中使赐给魏征钱财，并传口信说：『闻公正直，如今见之，故以相赏，公宜常秉此心，不要转移。』

魏征得到长孙皇后的支持和鼓励，认为这是唐太宗的充分肯定，更加尽忠尽力，经常在朝廷上犯颜直谏，丝毫不怕得罪皇帝和重臣。也正因为有这样一些赤胆忠心的谏臣，才使唐太宗避免了许多过失，成为一位圣明君主。

【品读】

一个成功的男人背后总是站着一个伟大的女性。唐太宗大治天下，盛极一时，除了依靠他手下的一大批谋臣武将外，也与他贤淑温良的妻子长孙皇后的辅佐分不开。长孙皇后明白自己即使对魏征再怎么辩解，唐太宗也不会改变杀魏征的想法，所以，她才穿戴上礼服，用形象和行动来说服对方。如果从对方的言辞上不能进行比较，就要改变方法。用『形象』的手段，使之感动，以体会对方的思想、情感，进而控制对方。

长孙皇后也一直是用形象来说服身边的人，率先垂范。她出身显贵之家，又富拥天下，但她却一直坚持着节俭简朴的生活方式，衣服用品都不讲求豪奢华美，一件衣服总是洗了再穿，穿了再洗，甚至穿补丁衣服；饮食宴请也以节俭为美，从不铺张。因而带动了后宫之中的朴实风尚；她不争风，不吃醋，不一心争得专宠，使得李世民的后宫非常安宁，这在历代都是极少有的现象。

一一、失宠的武媚娘

武则天失宠了。过去不到三天李世民就去找她，现在一个多月过去了，她也没有接到皇上的通知。武则天失宠的原因是近日太白金星频频出现引起的，自古以来，人们认为此星在白天出现，是更换天子的征兆。

李世民找来太史令询问，结论是：『唐三代而亡，女武则天王昌。』而且，这个女人现已在宫中。此时，宫内外正流传着一种谣言：唐三代后，有女王武氏灭唐。皇上害怕了，他虽然不知道宫中数千名女人中还有谁姓武，但他一下就想到了正在受宠的武媚娘。皇上看出，武媚娘年纪虽轻，却有着不凡的胆量和智谋，并非一个单纯、柔顺的少女。就是这个原因，武媚娘失宠了。皇上为了大唐的江山忍痛割爱。

武媚娘的身体消瘦下去。突然的失宠和无法放弃的希望在折磨着她。后宫的女人们，看见她悲惨的现状，幸灾乐祸。她们把以前对她的嫉妒、对皇上的憎恨全都发泄在她的身上，那嘲弄的语言，还有太监们冰冷如霜的嘴脸，让她受不了。但她并不在乎这些，她四处留心，想弄清这究竟是怎么回事。不久，她终于知道了自己失宠的原因，那是她花了很多钱才买来的消息。失宠的谜团终于解开了，她的斗志又恢复了，她在心里暗暗地想：我一定为这天命而奋斗。

在武媚娘很小的时候，她的父亲曾找来当时著名的相面大师给她看过相，说她是龙睛凤头，将来能成为统领天下之王。武媚娘牢记这句话，她就是带着这个目的入宫的。她像囚犯似的囚禁自己。她在日夜焦躁不安的情绪煎熬的同时，在想着以后的办法。她深知皇上不能放过她，她立刻感受到死亡的威胁和恐惧，那是最高权力者的一句话，她思索着如何避免。

武媚娘住的小房旁，有一间门上贴着『不开之屋』字样纸条的小房，那里原来住着一个后来上吊而死的年轻宫女。有一天，一个刚入宫不久的小太监按捺不住好奇心，便推开了小屋的房门，准备看个究竟，就在推开的刹那间，小太监惨叫一声，昏倒在地。他醒后对人们说，他看见房里有一个打扮得艳丽、散发着奇异青光的女人，冲他嫣然一笑，他就像遭了雷击一样，立刻扑倒在地，昏了过去。

晚上，武媚娘仿佛看见那名上吊而死的宫女，在灯光下，向她招手，吓得她全身起了一层鸡皮疙瘩，但是，她却用心头涌动的野心之火战胜了恐惧。如果没有不服输的野心，她就有可能走向自杀这条路，使这宫中又多了一间『不开之屋』。

不久，又发生了一件事，更助燃了武媚娘的野心。上边下达一道命令，让武媚娘去接受典药寮女医的诊断，就是检查她是否怀孕。武媚娘知道万一怀孕，皇上当然要她堕胎，再造成大出血而死去。她表面上应付检查，十分清楚自己一点没有怀孕的迹象，也就不怕李世民在此事上做文章，但心里她对他的愤怒已到了极点，反抗的意识更强了。

武媚娘整天躲在窄小的房间里，痛苦、孤独、失望和饥寒交迫，让她夜夜噩梦，无法安眠，她怕吵醒隔壁房间里的人，只有暗自饮泣，她知道只有自我安慰，才能渡过此关。于是，她在大家都入睡之后，悄悄走到院里。此时，正是初秋天气，附近啼叫的蟋蟀也屏声敛息，听着她的脚步，她觉得从现实和客观的情况看，她几乎没有一条出路，泪珠顺她的脸颊慢慢流下。哭，悲哀又有什么用，她告诉自己：尽管自己处于没有出路的劣势，却是不能认输的，如果等待时机，就一定会有重见天日的机会。她的斗志又恢复了，她一定为这天命而奋斗。

武媚娘在忍受嘲讽和饥寒交迫之时，感受到靠别人的宠爱而生活，是多么的脆弱和危险，她观察到，那些太监和宫婢，才是后宫真正的主人，他们所编织的情报网之大而严密，已到了令人惊讶的地步。武则天决定利用他们，不能让自己如此孤立地奋战。她认为，目前最切实的问题，就是了解皇上周遭的详情。

武媚娘立刻开始活动，首先选定的目标，是一个过了中年、还保存着一丝人性的太监。『平时承蒙您多方照顾，至为感谢。』武媚娘说着，悄悄地塞给他不少的钱。

武媚娘虽然失宠，仍旧拥有五品才人的官位，她的薪俸也照旧发给。在支付了餐费和其他杂费后，对目前已不需要打扮自己和其他宫人争奇斗妍的她来说，手头上还可存下相当数目的钱。这一次，美丽、年轻的宫人武媚娘，能以平等的态度相待太监，使这名太监不由得感激万分。他立刻跪在武媚娘面前，由衷地道谢。对其他有关的太监，武媚娘同样以谦虚的态度送了不少钱。

很快，她成为他们讨好的对象。宫里的许多消息开始由这些人传到她的耳朵里。在开始的时候，他们带着几分同情和极大的好奇心，观察她的反应。见她不仅没有显现妒忌的表情，还泰然地微笑，甚至还表现出和太监们一样的心情，在皇上和宫妃们的话题中打发无聊的光阴。而武媚娘的这种态度，使太监们觉得她和他们是一体的，也就放心了。从此，太监们就不断地给她提供情报。武媚娘对于每一条消息，都谨慎地对待。

这些情报中，武媚娘最关心的是太子承乾和魏王泰之间关于太子之位的明争暗斗，因为此时朝中的文武百官已跟着这两股势力分成两派，且互不相让；再就是太宗近来的情形，太宗皇上的脾气变得暴躁、易怒，又时常面带愁容。

武媚娘思考着：皇子间激烈的争执，太宗不稳定的情绪，对自己会有什么影响呢？不久，武媚娘就用完了皇上给她的赏物，及母亲给的钱财，目前除了才人的薪俸以外，没有任何收入。但即使在这种情形下，她仍不时拿出大部分钱给太监们用。武媚娘知道，不继续给他们东西，就无法维持对方对自己的好感，无法得到朝廷的消息。这也是太监的特性之一。

为了达到这个目的，武媚娘不能像其他侍女一样，把钱花在服装及饰品上。在勉强保持作为侍女的体面的同时，她把自己所有的东西都给了他们。同时他们也知道武媚娘的情形，看到她拮据而不吝啬的态度，对武媚娘也就更加讨好，愿意为她卖命办事了。

【品读】

武媚娘在失宠之后，没有沉迷在过度悲哀之中，她的与众不同就在于能够在恶劣的环境中，决不认输，而是冷静对待。做到反以观往，覆以验来。追溯过去的经验，进行研究以面对当前，认识未来。人的一生，难免会被悲痛难过所缠绕，如果处理把握不好，就会改变人的处事态度，这是成事之忌。与其在悲哀中消磨，不如总结经验然后努力振作。摆脱悲哀、灰暗或不安，与低落的情绪告别，走出生命的低潮，投入新的事业之中。

一二、李允则修城的背后

李允则，字垂范，宋朝盂县人。

他从湖南调任沧州，看到沧州乃战略要地，但是，此地因饮水甚缺，军民无心守卫。于是，他立即着手『滤浮阳湖、葺营垒，官舍间穿井』，从而安定了民心。时隔不久，辽兵打来，李允则带兵坚守城池，不但用水不缺，还以冰块代替炮弹，打退了辽兵的进攻。

真宗亲自召见他，说：『过去有人说你修屋凿井是骚扰百姓，现在朕才知道你原来是有远见卓识，善于备战。卿为我运筹策，不必挡矢石也。』

之后，李允则被提升为河北镇定、高阳二路行营兵马都监，负责河北东路十九个州的军事，并通告河北各路将领，凡重大军事行动，必经允则准许而后行。

李允则于真宗初年在宋辽战争中，得到真宗器重。真宗景德二年，宋辽订立『澶渊之盟』，双方罢战讲和。但宋对辽并未放弃戒备，仍派驻将领镇守宋辽边境。李允则任雄州（今河北省雄县）知州，镇守河北东路要地。

雄州因屡经战争而满目疮痍，民不聊生。李允则组织军民填平陷马坑，拆除废堡垒，重视生产的同时，注重改善人民生活。原先州内百姓都住着茅草房屋，又无街道可通，往来不便。允则教给百姓伐木作檩，烧砖烧瓦，修盖木石房屋，兴建街道胡同，开辟市场，发展商业，使荒凉的雄州，变成了繁荣的边防重镇。

另一方面，李允则对辽保持警惕，不忘备战。他主张开放边界，允许民间贸易来往，在雄州开辟了对外贸易的场所『榷场』，进行『互通异物』，换取了辽国的银钱、布匹、羊马、骆驼等，增加了大量收入。同时允许辽人入境，与州民游乐，这使辽、宋人民之间加深了友谊。

在宋、辽通和修好这种情况下，李允则在雄州仍不放松戒备，因为，辽人在城外虎视眈眈，北门外居民人数甚多，城池内又年久失修，特别是原来的瓮城，现在显得十分狭窄，他怕这样日后一旦有战事发生，后果不堪想象。李允则准备把瓮城和大城合而为一，可是，又不好大举修城，因为当时朝廷与辽人修好，恐怕合城的举动会引发事端，辽人会以为宋军在备战。他担心辽人抓住这一点，乘机寻衅闹事，弄不好会使战事重开。

为此，李允则一筹莫展，寝食难安。但是，李允则从小就多谋略，善于用计，什么事情也不能难倒他。

有一次，李允则在军中请客人吃饭，突然，手下进来禀报，说兵器库失火。李允则听后没有任何反应，依旧饮酒作乐，不久火熄了。之后，他暗中派役吏带着公文到瀛洲，用茶笼运回兵器。不到十天，兵器就充足了，没有人知道这件事。

朝中有一些人，想借此事弹劾李允则。真宗说：『李允则一定有他的道理，等朕来问问他。』结果，李允则是这样回答的：『收藏兵器的仓库，对火的戒备甚为严密。正在宴客时起火，一定是奸人所为。如果停止宴客去救火，可能会有意外发生。』

还有一次，辽国的间谍被李允则抓获，不但没被处死，反而放开绑绳，盛情款待一番，间谍便将刺探的情况告诉了李允则。李允则为了使契丹间谍完全倒戈，继而将宋军的有关实力数字告诉他，并给他许多钱，让他回契丹去。这个契丹间谍遂成为北宋的间谍，他不仅没有将李允则向他提供的情况告诉契丹，反而把契丹的兵马、经费、财产及地理等情况全部报告给了李允则。

这一天，李允则出去散步，边走边想着心事。他没有架子，爱在街上和百姓聊天，了解民情。此时，他看见一个老伯，便走上前问：『最近日子过得怎么样？』

老伯见刺史在问，便忙回答：『还好，现在不打仗了，可以安心过日子了。就是城北的贼多，搅得人总不安生。』

老伯的这句话，使李允则突然想到了一个办法。他连忙回到府衙，下令在北城门外的东岳祠造个大大的香炉，还有其他的供器。他对人们说：『现在是太平盛世，要弄得热闹些。』

于是，官府就雇用了许多吹鼓手，大吹大擂，城里的人们都挤在道路两旁看热闹。手下的人见人很多，便问李允则，是否要加强一下人手，防备盗贼？

李允则说：『不必了，我自有分晓。』

第二天，就有人来报，东岳祠里新造的器物竟然被贼偷走了。李允则连忙下令，各处张榜捉拿盗贼，一时间，弄得满城风雨。但不知道为什么，刺史这次办事，是雷声大，雨点小。半个月过去了，居然连个盗贼的影子也没有见到。

于是，有人就问李允则，为什么抓不到贼？他回答说，贼人是从北面来的，偷了东西，当然跑了。现在最重要的不是抓贼，而是防贼。他下令在城北再修一道城墙，来防备盗贼。

这边一动工，辽人看见了，开始很慌，仔细打探后，才知道原来是为了防贼，就感到好笑，这样辽人也就不很在意了。这座墙就是现今的雄州北门城。

很快，城墙就修好了，李允则又在城墙四周挖掘壕沟，筑了一道弯月形的堤防。竣工这一天，李允则召集大家在界河举行划船比赛，还请辽人来观礼。辽人看得十分有趣，却不知道李允则是借龙舟竞赛来练习水战。

在州的北侧，原先为了防御契丹人，挖有许多陷马坑，城下还有哨楼，可以望到十里以外。自从宋、辽停战后就没人敢再登楼。李允则说宋辽既然已经讲和，这些坑和楼都不再有用，于是命人拆毁楼台，填平坑洞，改为各部队的菜园，并且挖井引水灌溉，中以田埂相隔，四周围上矮墙，最后更纵横栽植荆棘，这样一来，空间益发狭小。使这块地方更加难以通行。然后又整治大街小巷，把佛塔搬到北面，人们早晚登塔，可以望到三十里以外。

李允则又在城内建坊巷，并把寺塔迁移到北原，州民登上寺塔可以一望三十里，同时又命按抚司，在管辖区的空地内，全部栽植榆树苗，不久就长满了枝叶繁茂的榆树。李允则对左右属官说：『这里只能用作步兵战场，不利骑兵作战，所以我不是为了得到建屋用的木材而种树的。』

看着城里的榆树，李允则的部下说：『大人，现在盖起房子，百姓就不用愁木料了。』

李允则笑道：『这样做是使这里适于步战，而不利于骑兵交战，哪里只是为了多些建房子的木料啊？』

部下没有听明白，又问：『那修城墙、疏壕沟等不是为了防盗贼呀？』

李允则说：『那是我故意用它来做掩护的，要不辽人发现了，我们还能完成吗？』

部下恍然大悟。

宋真宗怕有违和约引起冲突，责问修城之事，李允则回答说：『初通好，不即宽治，恐他日颓圮，因此废守，边患不可测也。』

真宗点头称是。

【品读】

要做成一件事情，有时要用别的借口来掩盖，不让别人产生怀疑，这件事情才能成功。李允则用这个办法瞒天过海，在辽人的眼皮底下修筑了军事工事。这是计策的一种灵活应用，『策而无形，莫见其门』。

有时候对一件事情的实现，不能公开地张扬，不能让对方产生任何怀疑，要巧借另一件事情做掩护，消除别人的戒备心理，方可达到目的。要攻陷一个堡垒，先戒除对方的防备，这样成功的胜算比硬拼会大得多。人在某些场合落入困境，或只有防守之势，利用言不由衷放出误导的信息，隐瞒自己的真实意图，这样往往可以取得成功。

一三、灵活的知县袁子才

清朝时期，在江宁县，发生了一件怪事。

有一年轻貌美的陈姓女子许配给本县一个姓李的男子，但因男方家里贫穷，一直没有成婚。

陈氏女的美貌惹来许多男人的妄想。不久，她被一个风流和尚设计奸污了，和尚威胁她不许对外人说，并且还威逼利诱，这样一来，陈氏女不得不做了和尚的情妇。

好事不出门，坏事传千里。很快，陈氏女与和尚的事就让人知道了。一些无赖知道了此事，便想借故敲诈勒索。

一天晚上，和尚又和陈氏女鬼混时，无赖暗中跟踪，正当两人亲热之际，立即被人捉获，押赴县衙。

该县的知县叫袁子才，是清朝的一位名士。他分别对奸夫淫妇进行个别审问。

袁子才首先审问陈氏女：『不知羞耻的女子，快把你与和尚通奸的事如实招来。』

陈氏女此时已经哭成一个泪人，他哭诉着：『大人，我是情非得已呀，我有苦衷啊。』

于是，陈氏女就把自己被迫通奸的事向袁子才全盘说了出来，她说自己虽然这样，但是，心里还始终怀念着未婚夫李某。

袁子才让陈氏女退下，坐在那里半天没有说话，这让他有些犯难。部下看见，就问：『大人，您被难住了吧？』

袁子才笑道：『难不住我。这个案子是有些特殊，但我就用特殊的办法来裁断。』

袁子才又连夜提审和尚，申斥之后，勒令其写下一张二百两银的借据，脱掉和尚袍，赶出衙门。然后，袁子才叫来一位干粗活儿、留短发的女佣人，吩咐几句后，换上了那件和尚袍，看押起来。

第二天一早，袁子才升堂。他先审问陈氏女。此女一言不发，只低头哭泣。再审问奸夫，丢下签来，说：『你身为出家人，竟敢与黄花大闺女同居，来呀，重打八十大板。』

衙役扒掉和尚的裤子，大家都惊住了：『怎么是个尼姑呢？不是和尚啊？』

袁子才假戏真做，也露出惊讶之色，怒斥那些捉奸想得好处的无赖：『你们这些人怎么搞的？想拿本官开玩笑吗？来人呀，把他们统统赶出去。』

一桩难办的案子就这样轻而易举地了结了。那个部下知道是怎么回事，下堂后便夸袁子才：『大人真是有高招，您是怎么想出来的？』

袁子才说：『我只告诉你一句话，办任何事情都不能死板，要根据具体情况灵活处理。』

过了几天，袁子才又命人把陈氏女子的未婚夫李某找来。试探他对女友的情感，是否因此事而破裂，是否能谅解她？李某表示，她这次闹的丑闻，责任不在她，归根结底还是他误了她，因为他掏不起聘礼，才使她被奸人陷害。

袁子才问：『假如我有一笔钱，能专门帮你结婚用，但你放心，我这钱不是冤枉来的，也不是我自己掏腰包，而是光明正大弄来的，并非借给你，是送给你的，你能和她结婚吗？』

李某感激不尽，连连点头。

第二天，袁子才便派亲信将那和尚的借据去钱庄兑换了现金，把二百多两银子送到李某家中。李某立即去女家纳聘，使这对男女终成眷属。

【品读】

灵活多变，才使袁子才解决了一桩难办的案子。

人处理事情最重要的是清楚而且能决断，要学会变通而不死板。要善于变化，特别是从不同的角度变化，找到解决问题的方法。

人处理事情最怕的是呆板、犹豫不决、墨守成规。有时候在事情按照常规不能解决时，变通一下，灵活处理，便可圆满解决，达到目的。当然在各种法规面前，还是要认真遵守。但是在不违背法律规矩的前提下，在事情能够通融的情况下，还是灵活为好，只有这样才会得到一个比较圆满的结局。

本章释评

鬼谷子在第二章《反应》中主要讲的是，古往今来，凡是怀着用圣贤的道理教化众生的圣人，都是遵循自然之道的，他们既了解历史上所发生过的事情，同时也能够预知未来事物发展的走向。他们既了解对方，又知道自己，能够从语言的细微处掌握事物发展的动态。人们要具有这种知微见著的能力，从而把握事物发展的方向，使其得到圆满的结果。

第三章　内①揵②第三

【阅读提示】

一、要把握君臣之间、上下级之间的关系很复杂微妙，血缘关系与实际关系往往相反。

二、掌握对方真实的情感和心理状态，是游说对方接受自己观点的关键所在。

三、应针对不同对象、不同情况，灵活地运用本章所讲的『内揵』之术。

君臣上下之事，有远而亲③，近而疏④；就之不用，去之反求。日进前而不御⑤，遥闻声而相思。事皆有内揵，素结本始⑥。或结以道德，或结以党友，或结以财货，或结以采色⑦。用其意，欲入则入，欲出则出，欲亲则亲，欲疏则疏，欲就则就，欲去则去，欲求则求，欲思则思。若蚨母⑧之从其子也，出无间，入无朕，独往独来，莫之能止。

①内：纳的意思，也就是叙述自己的观点。

②揵（jiǎn）：通楗，本义为门闩，有坚持的意思，又有承担、关闭、堵塞、束缚等意。

③远而亲：看似疏远，其实极亲密。

④近而疏：看似亲密，其实极为疏远。

⑤御：『用』的意思。

⑥素结本始：素，平常，本始，本源、根本。本篇指在君臣心灵之间，紧紧连着一条绳子。

⑦采色：应是指具有姿色的女子。

⑧蚨母：就是土蜘蛛，每当出入巢穴时，都要一一把穴口加盖以防外敌。

内者，进说辞；揵者，揵所谋也。故远而亲者，有阴德也；近而疏者，志不合也。就而不用者，策不得也；去而反求者，事中来也。日进前而不御者，施不合也；遥闻声而相思者，合于谋待决事也。故曰：『不见其类①而为之者，见逆，不得其情而说之者，见非。得其情，乃制其术②。此用可出可入，可揵可开。』

①类：类似、共同点。

②术：技能、谋略、手段。

故圣人立事，以此先知而揵万物。由夫道德、仁义、礼乐、计谋，先取《诗》《书》，混说损益①，议论去就②。欲合者，用内；欲去者，用外③。外内者必明道数④，揣策来事⑤，见疑决之，策无失计，立功建德。治民入产业⑥，曰『揵而内合』。上暗不治⑦，下乱不寤⑧，揵而反之⑨。内自得⑩而外不留说⑪，而飞之⑫。若命自来，己迎而御之；若欲去之，因危与之。环转因化，莫知所为，退⑬为大仪⑭。

①先取《诗》《书》，混说损益：引用《诗经》和《书经》来验证自己的观点，加以褒贬。

②议论去就：议论是否应该做。

③欲合者，用内；欲去者，用外：从内运动可使情合，在外运动可使情离。

④外内者必明道数：在决定内外大事时，必须明白道理。

⑤揣策来事：推断将来的事情。

⑥产业：产是指谋生，财产。业是事情，经营，功绩。

⑦上暗不治：是说君主昏庸，不能推行善政。

⑧下乱不寤：百姓叛乱而不能辩明事理，寤通悟。

⑨揵而反之：固守己见，也会使事物走向反面。

⑩自得：君主自以为贤明。

⑪不留说：不采纳他人的进言。

⑫飞之：褒奖的意思，飞是表扬之意。

⑬退：保全。

⑭大仪：大的原则。

【译文】

君臣上下之间的关系，有的距离很远却很亲密，有的距离很近却很疏远。有的留任在身边却不重用他，有的离任以后反受聘请。有的天天都能见到君主却不受信任，有的离君主十分遥远却被思念。大凡事物内部都有规律，任何平常的东西都与本源相契合。或者用道德相结合，或者用朋党相结合，或者靠钱物相结合，或者靠美女相结合。要想推行一种主张，就要做到想进来就进来，想出去就出去；想亲近就亲近，想疏远就疏远；想接近就接近，想离去就离去，想聘用就聘用，想思念就思念。就好像母蜘蛛率领小蜘蛛一样，出来时不留痕迹，进去时不留痕迹，独自前往，独自返回，谁也没法制止它。

所谓『内』就是接受采纳意见；所谓『揵』就是进献谋策。因此说，与君主相距很远却被亲近的人，是因为能与君主心意符合；距离君主很近却被疏远的人，是因为与君主志趣不一；在职上任中而不被重用的人，是因为他的计策没有产生实际效果；革职离去再被返聘的人，是因为他的主张被变化着的事物证明可行；每天都出入君主面前，却不被信任的人，是因为他的行为与实情相悖离；距离君主遥远却被思念的人，是因为他的主张正好与决策者相契合，正等他参加决断大事。所以说，在没有看清对方之前就去游说的人，一定会事与愿违，在不掌握实情的时候就去游说，定然没有好结果。只有了解情况，依据实际确定方法，去推行自己的主张，才可以出去，可以进来；可以进谏君主，坚持己见；又可以放弃自己的主张，随机应变。

圣人立身处世，就是依据此理而有先见之明，议论万事万物。其先见之明来源于道德、仁义、礼乐和计谋。首先是《诗经》和《书经》的教诲，再综合分析利弊得失，最后讨论的就是任职还是离职。要想与人合作，就要在内部努力，要想离开现职，就要把力量用在外面。处理内外大事，必须先明确理论和方法，会预测未来，并善于在各种疑难处当机立断。在运用策略时没有失误，从而建立功业和积累德政。管理百姓，要使他们从事生产事业，这叫做作内部安定，团结一致。

如果国君昏庸，不理国家政务，基层纷乱不明，群臣理事，各执己见，事事抵触，还自鸣得意；不接受外面的新思想，还自以为是。在这种情况下，如果朝廷诏命自己，虽然也要迎接，但要有所防备。如果要拒绝诏命时，也要设法给人一种错觉，就像圆环旋转往复一样，就不如急流勇退，此时退却才是最好的。

鬼谷智囊

一、不甘心做小吏的李斯

李斯是战国时期著名的思想家，荀子的学生，后来，李斯辅助秦始皇建功立业，统一了中国，成为中国历史上第一个大一统王朝的丞相。

李斯是楚国上蔡人。他原来是一个专职看守粮仓的小吏，有一次，他无意中发现，粮仓中的老鼠各个长得非常壮硕，皮毛光亮，而厕所中的老鼠却瘦得各个都是皮贴着骨头。看到这两种老鼠的不同生活境遇，李斯不禁发出了感叹，他想：『良好的生活环境对于老鼠来说，尚且如此重要，更不用说是人了，人当然应该像米仓中的老鼠那样，为自己选择一个好的生活环境。』

于是，他拜荀子为师，学习帝王之术、治国之道，学业完成以后，他分析了当时的形势，认为『楚国不足事，而六国皆弱』，唯有秦国具备统一天下、创立帝业的条件，于是他决定到秦国去施展自己的才能与抱负。

公元前247年，李斯来到秦国，先在秦相吕不韦手下做门客，取得吕的信任后，当上了秦王政的近侍。

李斯利用经常接近秦王的机会，给秦王上了《论统一书》，劝说秦王抓紧『万世之一时』的良机，『灭诸侯成帝业』，实现『天下一统』。

秦王政欣然接受了李斯的建议，先任命他为长史，后又拜为客卿，命他制定吞并六国、统一天下的策略和部署。

公元前237年，秦国宗室贵族借口韩国水工郑国在秦搞间谍活动事件，即利用兴修水利工程削弱秦国国力，要求秦王下令驱逐六国客卿，李斯也在被逐之列。

李斯在被逐离秦国途中，写了《谏逐客书》，劝秦王收回成命。他在《谏逐客书》中，列举了大量的历史事实，说明客卿辅秦之功，力陈逐客之失，劝秦王为成就统一大业，要不讲国别，不分地域，广集人才。秦王看了《谏逐客书》深受感动，立即取消了逐客令，并恢复了李斯的官职，不久又提升他为廷尉。《谏逐客书》不仅是具有重要价值的历史文献，也是一篇脍炙人口的优秀文章。

李斯重新受到秦王政的重用后，他以卓越的政治才能和远见，顺应历史发展的趋势，佐助秦王政制定了吞并六国、实现统一的策略和部署，并努力组织实施。结果仅仅用了十年的时间，就先后灭了六国，于公元前221年建立了我国历史上第一个统一的、中央集权制的封建国家，第一次完成了统一大业。

秦朝建立以后，李斯升任丞相。他继续辅佐秦始皇，在巩固秦朝政权，维护国家统一，促进经济和文化的发展等方面屡建奇功。他建议秦始皇废除了造成诸侯分裂割据、长期混战的分封制，实行郡县制。把全国分为三十六郡（后增加到四十一郡），郡下设县、乡，归中央直接统辖，官吏由中央任免。在中央设三公、九卿，分职国家大事。这一整套封建中央集权制度，从根本上铲除了诸侯王分裂割据的祸根，对巩固国家统一，促进社会发展起了积极作用。

秦统一后，由于过去各诸侯国长期分裂割据，语言、文字有很大差异，对于国家的统一和经济、文化的发展极端不利。李斯及时地向秦始皇提出了统一文字的建议，并亲自主持这一工作，他以秦国文字为基础，废除异体字，简化字形，整理部首，形成了笔画比较简单、形体较为规范，而且便于书写的小篆，作为标准文字。他还亲自用小篆书写了一部《仓颉篇》，作为范本，推行全国。小篆的出现是汉字发展史上的又一进步。

公元前210年，秦始皇死后，李斯为保全自己的既得利益，附和赵高伪造遗诏，立少子胡亥为帝，赵高篡权后开始对李斯下手，诬陷他“谋反”，判李斯处以五种酷刑：黥刑（在脸上刺字）、劓刑（割掉鼻子）、断舌、砍趾，最后，腰斩于市，并夷灭三族。

【品读】

李斯在秦王身边，一直采取“揵”的策略，向秦王进献谋策，并得到了重用，他以卓越的政治才能和远见，辅助秦王完成了统一六国的大业，顺应了历史发展的趋势。秦朝建立以后，李斯升任丞相。他继续辅佐秦始皇，在巩固秦朝政权，维护国家统一，促进经济和文化的发展等方面做出了卓越的贡献。但是，胡亥即位后，李斯成为与君主很近但却被大大疏远的人，这是因为他与君主志趣不一，最后落得受酷刑而死的结果。李斯的教训在于，他没有很好地把握与君王之间的“内”与“揵”的关系，贪图既得利益，没有选择急流勇退。

二、建议未被采纳的范增

范增是秦末著名的政治家，安徽巢湖人。秦朝末年，天下风起云涌，英雄逐鹿。楚国贵族后裔项梁起兵反秦。范增劝项梁立楚王族后裔为楚怀王。

公元前207年，秦军围困巨鹿，楚怀王命宋义、项羽救赵，范增为末将。后来，范增投到项羽的帐下，成为项羽最主要的谋士，被项羽尊称为『亚父』。

秦朝末年，刘邦先入函谷关，想据守关中称王，项羽破关而入，与刘邦在鸿门相会，范增为刘邦摆下了杀气腾腾的鸿门宴，在举杯祝酒时，范增多次向项羽递眼色，并接连三次举起他佩带的玉玦，暗示项羽，要项羽下决心趁此机会杀掉刘邦。可是项羽讲义气，不忍心下毒手。此刻范增非常着急，连忙抽身离席，把项羽的堂弟项庄找来，面授机宜，要他到宴会上去敬酒，以舞剑助乐为名，趁机刺杀刘邦。

由于项羽的叔父项伯和刘邦部下的张良是朋友，所以，项伯一直暗中保护刘邦，这时，刘邦的猛将樊哙赶来救护，挡住了项庄。刘邦才得以脱身逃走，保全了性命。

范增制定的『鸿门宴』暗杀计划未能成功，范增勃然大怒，拔出所佩宝剑，劈碎刘邦赠给他的一双玉斗，痛苦地说：『竖子不足与谋，夺项王天下者，必沛公也。』

刘邦从鸿门宴上逃命回来后，对范增恨之入骨，后来，刘邦被困在荥阳。就在项羽胜利在望的时候，刘邦采用了陈平的离间计，使范增受到项羽的猜忌。范增一气之下，辞官回乡。临行前，范增悲凉地说：『天下事大定矣，君王自为之，愿赐骸骨归卒耳』。本想死在故乡的范增，走到半路，就病死了。

范增死后两年，项羽的军队被刘邦、韩信、彭越的联军击败，退至垓下。不久，项羽逃到乌江，自刎而死。

历史证实了范增的预料：刘邦以『楚汉战争』的胜利者的姿态登上了皇帝的宝座，建立了中国历史上强大的汉朝。

刘邦在得天下之后，总结项羽失败的教训时说：『项羽有范增而不能用，此其所以为我擒也。』

【品读】

范增虽然是项羽绝对的近臣，但是项羽却中了对手的离间计，开始疏远一直为他谋划的范增。范增成了距离君主很近，但是却被疏远和被猜忌的人。范增与其主志趣不一；范增在职上虽被任用却又不能被信任，他的计策没有实际效果，故而导致了项羽兵败垓下、范增含恨而死的悲惨下场。

三、赏罚有异的刘邦

刘邦夺取天下之后，谋士张良多次劝谏说：『有功行赏，有罪施罚，这是收取人心的重要手段。但事情也有变通的时候，不能一成不变，更不能限于私人恩怨。如今陛下贵为天子，要做一些样子给天下人看，纵使是违背了陛下心意的事，也要适时地做，这样才能不为天下人非议。』

刘邦听从了张良的劝谏，原谅了很多他非常不喜欢的人，并对他们给予封赏，人们都十分叹服刘邦的胸怀广大，天下的人心也因此日渐安定。

大将季布曾经是项羽手下的勇将，刘邦公开悬赏缉拿他。季布投奔到好友周家那里，周家怕招来灭族之祸，便把季布剃光头发，戴上枷锁，打扮成一个刑徒的模样，『卖』给鲁地的大侠朱家。

朱家心知季布的真实身份，出于仗义，他不仅没把季布献给朝廷，还主动到洛阳找到夏侯婴，让他替季布求情，请刘邦赦免季布。

夏侯婴深觉此事难办，他推托说：『你真是仁义无比，竟肯解救一个朝廷通缉的重犯，让人钦佩。可如此一来，若是皇上怪罪下来，你就要大祸临头了。此事风险太大，我也不敢向皇上求情啊。』

朱家说：『各为其主，不叛项羽，这也算是季布的忠诚了，这样的人，天下还有很多，难道皇上都要杀光吗？项羽既灭，皇上为何不能怜其忠诚，饶了他呢？假如皇上以仁待之，以季布的君子为人，他必死心塌地为皇上效命，这总比逼迫他投奔敌国为好。』

夏侯婴于是答应下来。一次，他私下求见刘邦，言明了季布之事，还说：『季布勇猛无敌，重信重义，失去他实在可惜，陛下天下初定，尚是用人之际，如果赦他无罪，天下人更会赞颂陛下的广阔胸襟，我朝亦可得一良将了。』

刘邦听之一笑，思之再三，他不仅赦免了季布，还授他以郎中之职，此事传出，刘邦的美名人人称道。

季布有一同母异父的弟弟，名叫丁公。他先前也是项羽手下的将领，当他听到季布无罪授官，非常羡慕，他逢人便说：『季布都可以得做高官，何况我呢？』

有人问他说：『你这样自信，莫非有什么大功吗？』

丁公得意地说：『当年皇上在彭城战败，我有意将他放掉逃生，我对皇上是救命的恩情，这个大功是无人能比的。季布自然更赶不上我了。』

丁公赶紧收拾行装，准备进京向刘邦求官。人们都说丁公一定能得到更大的赏赐，因为他是皇帝的救命恩人。

但是，独有一位老者摇头叹息说：『丁公当年身为楚将，却背叛项羽，私放皇上，这是小人之举啊。

皇上当时或许感念其恩，可如今他为了树立威望，不见得会重用这样的小人了，搞不好，丁公此去凶多吉少啊。』

丁公一心想要得到刘邦的重用，他虽然见到了刘邦，刘邦对他却十分冷淡，不正眼看他。丁公心中直打鼓，连声说：『陛下，当年彭城脱险，陛下可曾记得？』

刘邦听了丁公的话，顿时翻脸，大怒道：『提起此事，我倒记起当年那个背主徇私的小人了。你当年不忠不义，今日又厚颜无耻地前来见我，我难道还能重用一个卖主通敌的人吗？我不杀你，难道我让天下人都来效仿你的行径，都做个奸恶之徒吗？』

于是丁公被杀。刘邦对群臣说：『我杀丁公，就是要让天下人都知道背主的下场。人们或许会说我不念恩义，可对付像丁公这样的小人之辈，有何义气可讲呢？』

【品读】

鬼谷子认为：『在没有看清对方之前就去游说的人，定会事与愿违，在不掌握实情的时候就去游说，定然没有好的结果。』丁公在刘邦被困彭城的时候，卖主通敌，可能刘邦在当时会非常感激丁公。但是，在刘邦得到天下之后，刘邦不会希望他的臣子都像丁公一样不忠，所以杀了丁公，可谓杀一儆百。丁公的死是因为他没有看清楚形势已经发生了根本的变化，他的死应被看作咎由自取。

四、借刀杀人的袁盎

袁盎，原本是楚人，因父亲曾经有武装反抗政府的经历，被强迫迁徙到安陵。袁盎在吕后当政时曾被任为吕禄的舍人，汉文帝即位后，任命袁盎为中郎。

汉文帝曾经从霸陵驱车驰下峻阪。袁盎骑马跟从，当他与车子并列时，拉住辔绳。汉文帝说：『你胆怯了吗？』

袁盎说：『臣闻千金之子坐不垂堂，百金之子不骑衡，圣主不乘危而徼倖。今陛下骋六骓，驰下峻山，如有马惊车败的事故发生，陛下纵然可以自己不看重自己，又怎么向先祖宗庙和太后交代呢？』汉文帝于是不再坚持。

有一天，汉文帝来到上林苑，皇后和汉文帝所爱幸的慎夫人陪同，他们在宫中时，常常同席而坐。安排座位时，当时任中郎将的袁盎领慎夫人坐到较偏次的一席，慎夫人面带愠色，不肯就座，汉文帝也愤然起身。

回到宫中之后，袁盎对汉文帝说：『臣听说尊卑有序则上下和。今陛下既然已经立皇后，慎夫人只是妾而已，妾和主妇怎么可以同席而坐呢！如果这样，就乱了尊卑秩序了。而且陛下一旦亲幸，就予以厚赐。陛下这样看起来是对慎夫人好，然而恰恰是在危害慎夫人，陛下难道不知道吕后迫害戚夫人，使她成为「人彘」的教训吗？』

汉文帝这才消了气，又召见慎夫人，把袁盎这番话告诉了她，慎夫人从内心感谢袁盎，赐予他黄金五十斤。可见袁盎是一名在上层政治生活中权术熟练的明智之士。他的政治性格，既有清醒刚直的一面，也有老练圆滑的一面。

后来袁盎被调到陇西任都尉，他对士卒深怀仁爱之心，士卒们都争先为他效死。后来又迁为齐相。接着又转任吴相，有人对他说：『吴王骄横日久，国多奸邪。现在如果有心劾治，他如果不上书举告你，也一定会以利剑刺杀你的。南方地势卑下，你只要天天饮酒，时常劝诫吴王不要反叛就可以了，这样或许可以免除灾祸。』

袁盎听从了这一建议，吴王也对他待之以优厚的礼遇。

袁盎和晁错素来不和。晁错在座的场合，袁盎往往回避，晁错对于袁盎也同样，两人竟然长期未曾同堂对话。

汉文帝死后，汉景帝即位，晁错升任御史大夫，曾经派属下去调查袁盎私自接受吴王财物的事情，判定有罪，汉景帝颁布诏书予以宽赦，但把袁盎免去官职，贬为庶人。

吴楚起兵反叛的消息传到长安，晁错与下属官员商量：『袁盎多受吴王金钱，特意为其掩饰，说吴王不会反叛。现在果然发动了叛乱，应当逮捕袁盎，严加审讯，了解他们反叛的阴谋。』

下属官员替袁盎申辩道：『反叛尚未发起时，惩处参与者或许可以预先制止阴谋，现在叛军已经西进，逮捕审讯袁盎又有什么作用呢？况且，袁盎应当是不会参与反叛预谋的。』

晁错犹豫未决时，有人已经将消息传递给袁盎，袁盎感到非常恐惧，连夜求见窦婴，陈说吴王所以反叛的元凶，希望能够在皇帝面前说明形势。

窦婴请示汉景帝，汉景帝召见了袁盎，袁盎进宫时，汉景帝正与晁错在商讨调集军粮的问题，汉景帝问袁盎：『现在吴、楚反叛，你是怎样看待局势的？』

袁盎答道：『不足忧也。』

汉景帝说：『吴王即山铸钱，煮海为盐，招诱天下豪杰。他在白头之年举事，如果事先没有筹划好百全之计，难道能够轻易发兵吗？你怎么会认为他不会威胁国家呢？』

袁盎说：『吴国在铜、盐等战略资源方面的确占有优势，是不可否认的，但是，他哪里能够招诱到真正的豪杰呢？如果吴王真的得到豪杰，也会辅助他遵行礼仪，不会造反了，他所招诱的实际只是无赖子弟、逃亡人口、盗铸钱币的奸人而已。正因为如此，才导致了变乱。』

晁错在一旁说，袁盎的分析是正确的。

汉景帝问：『那么，用怎样的策略才能平定叛乱呢？』

袁盎请求汉景帝屏退左右，汉景帝于是挥手让侍臣退下，只留下晁错一人在场。袁盎说：『我的建议是不能够让臣下得知的。』

汉景帝又示意晁错退下。晁错不得不回避于东厢，而内心已经暗怀深恨。

袁盎对景帝说，吴王和楚王相互致书，说高皇帝子弟各自得到封地，今贼晁错擅自贬斥诸侯，削夺其封地，这正是吴楚等国所以反叛的原因，他们的目的不过是要西进以诛杀晁错，恢复旧时封地。如今，退吴楚之兵的良策，只有立刻斩晁错以向诸侯致歉，派遣使者赦免吴楚七国发军之罪，才可能兵不血刃而使七国叛军退去。

汉景帝沉默许久，说道：『还有什么别的办法吗？』然后又说：『如果能够只是愧对一人而有益于天下，我是愿意的。』

袁盎说：『愚臣出此计，也就是没有更好的选择了，愿陛下深思。』

汉景帝原本有心按照晁错的筹划，削弱诸侯国的势力，但是一旦诸侯发起了叛乱，自己又对朝廷的军事实力缺乏自信，这时，汉景帝已经倾向于袁盎的意见，任命袁盎为主管宗庙礼仪的太常，于是袁盎位列九卿。

汉景帝又任命坚决反对晁错削藩的魏其侯窦婴为大将军，袁盎和窦婴原先私交很好，现在因『吴楚七国之乱』而空前显赫。一时间，长安和长安附近的社会上层人士都争先追附他们，窦婴、袁盎出行时，后面随从的乘车每天往往多至数百辆。

在叛军急进、形势危急的情况下，汉景帝因袁盎的误导，产生了如果诛杀晁错一人，就可以安定局面的错觉。

在袁盎提出斩晁错的建议之后数日，汉景帝命令中尉召晁错入朝，当车行到东市，突然宣旨，要杀晁错。于是，晁错身穿朝衣，在东市被腰斩。这是西汉上层高级官员被处以死刑的第一例。

【品读】

袁盎与晁错之间有着很深的矛盾，但是，在晁错受到皇帝重视，在朝中炙手可热的时候，袁盎采取了躲避的策略，避开锋芒。『七国之乱』爆发之后，袁盎抓住了皇帝对朝廷的军事力量信心不足的弱点，趁机献策，借刀杀人，除掉了自己的对手晁错。袁盎之所以能够借机除掉政敌，也是因为他看透了皇帝的内心，掌握了他的思想，所以才能够建议成功。

五、为自己申辩的邹阳

邹阳原是齐国人，西汉著名散文家。汉文帝时，邹阳曾经是吴王刘濞的门客。

后来吴王积极准备叛乱，只是尚未举事，阴谋还没有暴露。但是，邹阳已经看出了吴王的企图，于是他上书给吴王，隐晦曲折地加以劝说，谏止吴王。吴王不听他的劝谏，因此，邹阳与枚乘、严忌等人一起离开吴国，去梁国发展。

梁孝王是汉景帝的亲弟弟，由于汉景帝的母亲窦太后非常偏爱自己的小儿子，所以，梁孝王在西汉景帝时期的地位可为一人之下，万人之上。

邹阳是一个很有学问的人，他投靠到梁孝王刘武门下不久，就因为学问精深、见识不凡，受到了梁孝王的器重。因为梁孝王的提携，邹阳刚入门不久，便和梁孝王门下的许多老门客一样平起平坐了，邹阳为此暗自得意。

有一天，一位素来被人看不起的门客向他辞行说：『我在这里混不下去了，特来向你告别。』

邹阳和此人并无交情，见他来向自己辞行，深感惊诧。于是，他问那位门客：『大王这里藏龙卧虎，却不知你在此住了几年？』

那人回答说：『已经五年了。』

邹阳一笑道：『难得你有自知之明，不过你从此也算解脱了。』

那人也是一笑，却道：『此处的人中，我看，只有你还像个君子，故来拜见。不过我只想提醒你一句，这里是小人之所，君子是容不得的。你若不信，大祸就离你不远了。』

邹阳一愣，马上说：『你如此咒我，太不应该了。想必你心情沮丧，才会如此，我也懒得和你计较。』

那人摇头说：『小人群中，你以君子自居，恃才傲物，和我初来时一模一样。我落得今天的下场，只是不想让你走我的旧路啊。』

那人走后，邹阳十分气愤，又感到好笑，自然没把这事放在心上。

邹阳的得宠和不俗，果然惹得那些老门客十分忌恨，他们联合起来，一同晋见梁孝王，在梁孝王面前百般诋毁邹阳，梁孝王被激怒了，把邹阳关进狱中，准备将他杀死。

到了这个时候，邹阳才相信那个门客的话并非虚言。他又恨又悔，百感交集，一时放声大哭，哀声不绝。一位狱卒非常同情他的遭遇，便对他说：『你这个样子是没有用处的。如果你真有什么委屈，何不上书给梁王自辩？』

邹阳听了狱卒的话，很受启发，于是止住悲声，给梁孝王上书。邹阳在信中写道：『忠贞无不得到报答，诚实不会被人猜疑。过去我认为这话有理，现在，看来只是一句虚言……我竭诚尽忠，倾吐自己的满腹见解，大王却受左右大臣蒙蔽，听信了狱吏的审讯之辞，使我遭受世人的怀疑。我还听说，把月明珠、夜光璧扔给夜间走路的人，行人无不手握利剑怒目而视。这是为什么呢？只是因为珍宝突然降临的缘故。弯曲的树木盘根错节、古怪离奇，却能变成天子的名贵器物，这是因为左右的人事先对它精心雕饰了。因此，无故落到面前的东西，虽然是隋侯珠、和氏璧，也只能结下怨仇而无人感恩。假如有人事先吹捧、宣扬，即使是枯木朽株，也可以建立功勋而不被人遗弃。现在天下处境困穷的普通士人，只因贫病交加，虽然学到唐尧、虞舜的治国之术，具有伊尹、管仲的雄才大略，怀着龙逢、比干的耿耿忠心，倘若他们没有像根雕那样经过修饰，尽管竭诚尽忠，当世君主也必定要对他们握起宝剑怒目而视。这就使普通士人竟然比不上枯木朽株了。正因如此，圣明的君主治理天下，要不受低劣计谋的牵制，不被众说纷纭所动摇。过去，秦始皇听了蒙嘉的话，信任了荆轲，以至于发生了用匕首来暗杀的事件；周文王打猎到渭水，却遇到了姜尚，并对他委以重任。秦王任用小人而亡国，周文王重用君子而能够得到天下。这是什么原因呢？就是因为周文王能够摆脱对小人的亲近，不拘泥于俗见，顺从天理所致啊。假如主人沉浸在阿谀奉承的赞扬声中，受到左右宠臣的牵制，让不受世俗拘泥的世人跟牛马一样，这就会让像周朝那样的鲠介之士感到痛苦，这样天理何在？』

梁孝王看过邹阳为自己申辩的文章之后，大为感动，命人将邹阳从监狱里释放出来，又把邹阳待为上宾了。

【品读】

鬼谷子认为：『君臣上下之间的事情，有的距离很远却很亲密，有的距离很近却很疏远。有的留任在身边却不使用他，有的离任以后反受聘请。有的天天都能见到君主却不被信任，有的离君主十分遥远却被思念。』

凡事都有自身的发展规律，邹阳刚到梁孝王这里做门客的时候，就犯了一个很简单的错误，过于恃才傲物，没有把别人放在眼里，也没有把握好与君臣之间的关系，所以遭到别人的妒忌和陷害，致使他即使留在梁孝王的身边，也不被相信。如果不是凭着自己的才华上书为自己鸣冤，邹阳很可能会无声无息地死在官场的『潜规则』之中。

六、元景安的保命之法

公元550年，北朝东魏的孝静帝被迫让位给丞相高洋，从此北齐取代了东魏。高洋是个心狠手辣之人，他当上皇帝不久，就毒杀了孝静帝和他的三个儿子。

为了掩人耳目，他经常在大臣们的面前为自己解释说：『我授命于天，接受帝位是迫不得已之事，无奈魏室不顺天命，屡生反叛之心，这就是自取灾祸了。不过我还是心有不忍，常为此事心痛啊。』

十年之后，突然出现了日食的现象，高洋心中十分惊恐，认为这是大不祥之兆，恐怕上天要降临灾难。他担心会殃及自己的皇位，于是便把他的一个亲信召来询问，他说：『按理说刘家气数已尽了，王莽夺了汉室刘家的天下，可为什么光武帝刘秀又能把天下夺回来呢？』

这个亲信为了讨好高洋，只能顺着他的意思说：『这都怪王莽当时没有当机立断，没把刘氏宗亲杀尽，否则，怎么会留下后患呢！』高洋听了这个亲信的话，竟然信以为真，他急忙下令将东魏宗室近亲七百多人全部杀光，就连襁褓中的婴儿也遭毒手，无一幸免。

这个消息传来，东魏的远房宗族也恐慌异常，他们担心杀戮最终也会降临到他们头上，一时人人自危，聚在一起商议对策。元景安身为东魏远房宗亲，此时正担任县令之职。他为人阴险，自私自利，却常常做出大度慷慨的模样。此时此刻，他露出一付小人的面孔，还声泪俱下地说：『世道昏乱如此，我们又能怎么样呢？眼下唯有保命要紧，别的也顾不了许多了。』

众人向他求问保命之法，元景安对大家说：『当今皇上残杀我等，无非是怕我们心念先祖，再生异端。如果我们脱离元氏，改姓高氏，皇上定会龙颜大悦，对我等网开一面了。此事虽说有些难为，可在此生死关头，这是最好的保命之法，纵是难为也要为之了。』

元景安的堂兄景皓，为人光明磊落，一听元景安之言，非常不耻地说：『一派胡言！与其认贼作父，抛弃本宗，我宁可一死，也不会这样做的！大丈夫活得安然，死得其所，这样生不如死，为人耻笑，纵是苟全性命，活着又有什么用处？』

元景安也不示弱，他狡辩说：『此乃权宜之计，保身之法，别人怎会知道我们的苦衷？你逞能愚顽，不计后果，硬充好汉，到头来只有死路一条。再说，世事已变，我们不变也是不可能的事，若是不思变通之计，惹来灾祸也只能是自己的事了。』

二人争吵不休，最后元景安还气急败坏地对别人说：『元景皓这小子死到临头，还在高谈阔论，这不仅会害了他自己，也会害了我们大家，我要和他一刀两断，你们也别让他给骗了，自送性命。』

事后，元景安竟把景皓的话向高洋做了报告，他还添油加醋地说景皓意图造反，请高洋严加惩治。结果，高洋立即逮捕了元景皓，把他处死，而元景安却因告密有功，被高洋赐予了高姓，还加升了他的官职。

有人指责元景安卑鄙无耻，不想元景安还振振有词地说：『如果我不会变通，和元景皓一样，这样的闲话我也无幸听到了。你们尽管说我好了，对我又有什么损害呢？』

【品读】

元景安为了保全自己的性命，不惜出卖自己的同宗兄弟，在他的眼里，利益是第一位的，如果能保住自己的私利，别的就不在话下，是任何无耻的事都可以做得出来的。值得注意的是，小人们往往把世道黑暗、道义不通作为自己行事的借口，常常把自己装扮成一个被逼的无奈者，为自己的丑行找到一个自辩的理由。

但是，如果身处这样的险境，又该如何自处呢？鬼谷子告诉我们：『国君昏庸不理国家政务，不接受外面的新思想，还自以为是，在这种情况下，如果朝廷诏命自己，虽然也要迎接，但应有所防备。如果要拒绝诏命时，也要设法给人一种错觉。就像圆环旋转往复一样。此时不如急流勇退，才是最好的。』

七、无辜被害的君子张华

张华是西晋初期的大臣，他与人为善，博学多才，无论何人有一点美处，他都想方设法为人传播美名，是当时人所敬仰的君子典范。张华人品高洁，却遭到了朝中奸佞小人的百般诋毁。有人对张华说：『若论修身处世，你的修为当是无可指责了。可不幸的是，你既身在朝中风险之地，又担任要职，这般和小人为伍，他们怎能放过你呢？不如你让自己变得庸俗一些，和小人们略作周旋，这样才能躲过灾难，不然，我真为你的命运担心呐。』

张华自恃博学多闻，从不把那些势利小人放在眼里，他听了好心人的劝告，自然不会放在心上，他严肃地说：『朝政昏暗，有我在此，方能显得有一点光亮，为什么他们不能容下这一点不同呢？再说，我不招惹他们，洁身自好，他们又怎会无端加害于我呢？做人名声第一，我又怎会为了讨好小人而损害了我毕生的追求呢？』

正因张华声望卓著，名誉极佳，八王之乱时，赵王司马伦和他的死党孙秀准备发动宫廷政变时，就想到利用张华的威望，借以增加自己成功的筹码。孙秀密派司马雅夜访张华，对他百般劝诱说：『现在贾后当权，朝政黑暗，你为当世君子，怎能坐视不管呢？赵王欲行大义，匡扶朝廷，请你襄助此事，日后赵王论功行赏，大人可谓遂了毕生之志了。』

张华深知赵王和孙秀的为人，自知他们乃乱臣贼子之辈，于是他冷冷一笑说：『此乃国家大事，我一个书生自是无能相助。何况我和你们王爷素无交情，此等大事我又如何担待得起呢？请恕我不能从命！』

司马雅好话说尽，张华都是一口回绝，司马雅最后气急败坏，大声吼道：『刀都架在脖子上了，你还敢这样说话！』说过此言，司马雅头也不回地走了。

张华的家人也怕他得罪了赵王，后果严重，张华的家人哭着劝他说：『那些人既然敢于犯上作乱，他们又怎会对你心慈手软呢？他们拉你入伙不成，势必会加害于你，你为何不假意应承他们，而另做打算呢？』

张华这时也默默流泪，许久方道：『这是身关名节的大事，我哪敢糊涂呢？只不知他们为何找上了我，这也许是天意弄人呀。』他连声哀叹，却决不肯作出丝毫让步。

赵王伦、孙秀发动叛乱，捕杀了贾后之后，立即命其死党张林假传诏书，把张华抓了起来。张华拼死抗争，质问张林他身犯何罪，张林阴笑着反问张华说：『你身为宰相，向以君子自誉，可贾后专权，太子被废，你却无动于衷，不能尽忠，这也是君子之道吗？』

张华辩解说：『我早有谏书加以劝阻，你去查验便知。你们这是加害忠臣，又何必作此罪名害我名声？』

张林哈哈一笑，忽又低声道：『你不识抬举，只怕名声有了，命却要没了。你这是何苦呢？』

张华连叫冤枉，张林一声断喝打断了他的话，阴声道：『你不能尽忠，也称不上真正的君子了。你劝谏不成，又为何不辞官呢？想必你心有贪念，何必再冒充什么好汉？』

不久，又有使者来到，说：『有诏要斩你。』

张华听了，突然痛哭着说道：『我一片忠心，乃先帝老臣，得此报应，我至死不服啊。』张华被残忍地杀害了，不仅如此，他的父、母、妻三族亲属也被一并斩首，一个不留。朝野上下对张华的死难十分悲痛，却慑于当权者的淫威，终于没有一个人敢于为他申辩。

【品读】

『木秀于林，风必摧之；堆出于岸，流必湍之。』张华虽然是一个洁身自好的君子，却不能在乱世之中平安自处。难道说，人如果选择了君子之道，就一定会遭此厄运吗？应当指出的是，君子的行为固然高尚，可若一味清高，惟名是求，不讲策略，这也正是他们的薄弱之处，极易为小人所利用和攻讦，落入小人所布下的重重陷阱。历史上君子和小人的斗争，小人常常成为胜者，这个教训不仅是深刻的，也是应当能警醒后人的。如果在这样的情况下，我们不妨像鬼谷子说的那样，先与小人周旋，保全自己，争取时间，选择适当的机会，全身而退。

八、谢方明的不凡之举

东晋末年，孙恩发起的农民起义声势十分浩大。这时候，家住会稽的豪族谢方明之父谢冲被杀，谢方明只因当时在外地伯父的家里，这才幸免于难。后来，桓玄举兵反叛后，丹阳尹卞范的权势倾动朝野，他听说谢方明的声望，几次想把自己的女儿嫁给他，都被谢方明拒绝了。

卞范私下把谢方明召来，当面对他说：『你是个君子，名声卓著，我才肯把女儿嫁给你的，不知你为什么毫不客气地拒绝我，让我难堪，你能说出你的理由吗？』

面对卞范来势汹汹的质问，谢方明并不畏惧，坦然地说：『我虽不敢自命君子，却也深知高攀富贵、猎取名利的羞辱。大人如果强人所难，我也只好任凭大人处置了。』卞范见他正义凛然，心中理亏，一时竟是无法相强。

刘裕掌权后，谢方明在担任晋陵太守的任上，一次竟在年终的时候，把他所管辖的辖区内的江陵县的在押囚犯，全都暂时释放回家，让他们三天之后返回。此令一出，辖区官吏人人色变，不敢相信。谢方明的手下弘季咸、徐寿之劝阻谢方明说：『大人情动天地，施恩于人，这本无可非议。可对那些囚犯而言，大人所冒的风险实在太大了，要知他们之中还有二十多人是重犯，若要他们如期返还，一个不差，那是不可能的事啊。如此一来，朝廷怪罪下来，大人的官位不但难保，恐怕还有性命之忧啊！大人为何要自毁前程呢？』

谢方明谢过他们的好意，自信地说：『这样的举动，古人已然做过，我不过是效仿先贤罢了。君子有成人之美，人皆有恻隐之心，我真心对待囚犯，他们又怎会有负于我呢？』

弘季咸、徐寿之连连摇头说：『人心不古，世风日下，大人岂能视而不见？用古代人的恩谊对待囚犯，现在是行不通了，大人万不可意气用事，铸成大错！』

谢方明思忖片刻，猛然正声道：『我意已决，你们不可再言此事。我乃真心为人，早已把荣辱名利抛之脑后，这是你们无法知道的啊。』

最后，那些放归的囚犯没有一个逃亡，谢方明的义举也广为世人传颂。

经过此事，弘季咸、徐寿之对谢方明更是敬佩有加，他们向谢方明谢罪说：『我们乃小人之见，大人的君子之风我们算是见到了极致，敢问大人，大人可曾真的饶恕了我们？』

谢方明爽声一笑说：『你们一心为我，何谈饶恕二字？老实说，直到最后一名囚犯回来，我的心才一下轻松下来。我本无欲无求，可笑有人竟说我是沽名钓誉之举，如果他们知道这几天我的心境和所做的最坏的打算，只怕他们又会说我完全发疯了。』

原来，谢方明为此已做了贬官、受死的准备，甚至连盛殓自己的棺材都已备好了。后来的知情者无不为他连叫侥幸，尚且心有余悸。

【品读】

鬼谷子说：『圣人立身处世，就要据理而有先见之明，议论万事万物。其先见之明来源于道德、仁义、礼乐和计谋。首先是《诗经》和《书经》的教诲，再综合分析利弊得失，最后讨论是就任还是离职。』谢方明敢于把所有的犯人都放回家去，正是因为他以古代圣人的教化为准则，所以才成就了他的君子之名，能够不畏强暴，敢于拒绝强迫的婚姻，表现了大丈夫『威武不能屈』的凛然正气。

九、为人鄙陋的王戎

王戎是琅琊临沂人，临沂王氏是北方大族。王戎小时候，就表现得才智过人，他看到猛兽在笼子里咆哮，别人都吓得退避三舍，唯有王戎神态自若。

有一次，他和小伙伴们一同去玩耍，看到一棵树上结满了李子，孩子们都跑过去摘李子，而他却不为所动，有人奇怪地问他，为什么不去摘李子？

王戎回答说：『李子树就在路边，一个树上结满了果实却没有人来采摘，那么，果子一定是苦的。』

王戎长大后，跻身于『竹林七贤』之列，『竹林七贤』在晋代曾经名噪一时。但是，王戎的本性却十分贪财好利。

阮籍有一次在饮酒时，把他称为『俗物』，王戎却道：『俗物最好，这样才好保全啊。』

王戎善于钻营，深通官场之术，他曾对自己的心腹说：『嵇康、阮籍这样的人恃才傲物，经常以君子自居，唯恐天下不知道他们的名声，这样做一定会招来别人的怨恨，怎么能长久呢？时下并不缺君子，奈何以君子为荣？』

王戎任尚书令时，在主持选举人才一事上，他从未推荐过一个出身寒贱但却有才干的人，也从未贬退过一个出身高贵但徒有虚名的人。有人说他尸位素餐，不理正事，他却暗暗心喜，索性更是敷衍了事。

当他拜任司徒时，他干脆把政事推给同事，整日骑匹小马，从便门出来闲游玩乐。

王戎的家人担心他不务正事，终会大权旁落，劝他说：『大人在朝中位列三公，人人称羡，可大人却显得并不在意，这是为什么呢？』

王戎回答说：『有些人以为自己声名俱佳，才德俱备，便可青云直上了，其实根本没有这样的事。凡事看看别人是怎么做的，不务虚名，但求实利，那便万事亨通了。我这个样子和前时三公没什么两样，难道我还要自命君子、自讨没趣？』

王戎爱财如命，不计声名，到处收买土地，与小民争利。朝中有人就此弹劾他，王戎心中并不惊慌，他总是说：『现在皇室大乱，只要不是谋反之罪，皇上是不会怪我的。』

正如王戎所料，每次弹劾过后，皇上非但没有惩治于他，而且还对他更加放心地使用。有人向他请教如何能在这样混乱的局面中泰然自处，王戎说：『贪财之人，必无远大的志向，也极易受人驱使，难道皇帝还会不放心这样的人吗？』

【品读】

所谓『内』就是接受采纳意见，所谓『揵』就是进献谋策。与君主相距很远却被亲近的人，是因为能与君主心意暗合；距离君主很近却被疏远的人，是因为与君主志趣不一。王戎看透了这一点，他从不向皇帝进言献策，而是努力把自己的小人样子做足。这样做，除了他本性的贪婪之外，恐怕他考虑最多的，就是如何让皇帝对自己放心了。越是做出小人的样子，皇帝便会认为他胸无大志，不足为患，这样的小人反而更安全。可见，在官场中，有时候让上司放心，让人认为你可靠，远比展示才华来得重要。

一〇、拥兵自立的李玄盛

399年，北凉国段业即位为王，汉将李广的十六代孙李玄盛时任敦煌太守。李玄盛性格沉静机敏，宽和待人，人所敬爱，他在辖区内推行仁政，颇得人心，被称为谦谦君子，是一个难得的好人。李玄盛和段业的部下索嗣交往密切，二人还结拜为兄弟。

为此，李玄盛的好友宋繇对他进言说：『索嗣外表仁厚，实乃阴险小人。他见大人官高职尊，这才极力巴结，且出言多有谄媚，少有实词。大人万不可将心托付于他，以免日后为他所害。』

李玄盛诚心对人，这会儿连连摆手说：『为人最忌妄加猜测，视友若仇。我既和索嗣为友，怎会对他防范如此？你太多心了，这不是君子所为啊。』宋繇欲言又止，哀叹而别。

后来索嗣果如宋繇所言，他见李玄盛的权位巩固，声誉愈隆，忌恨难已，屡次向段业诬告李玄盛心存不轨，且说：『大王仁爱待人，这是为王者的大忌呀。眼下天下大乱，乱世当用重典，李玄盛利用大王的仁慈，招兵买马，树尊立威，大王若是再加容忍，只怕他羽翼丰满，就要取而代之了，望大王早下决断。』

段业初时不信，还训斥过索嗣。无奈索嗣说得多了，段业心中不免也产生了疑虑。一次，他当面问索嗣说：『你和他既然已经结拜为兄弟，你这样说他，可是君子行为？你若是小人，我又怎敢相信于你呢？』

索嗣有些心慌，忙伏首道：『天下的君子，大多不愿甘为人下；天下的小人，方能趋利避害，安于一己之私。为了大王的利益，我不惜被天下人骂做作小人，只要大王深知我心，纵是遭到天下人的痛骂，我也甘心了。』

段业一怔之下，马上大声笑了起来，他走下龙椅，来到索嗣面前，上下打量他一番后道：『你去接任敦煌太守，切记，千万不要让他生疑。』

索嗣带领五百骑兵前去接任，离城尚有二十里，他便命令李玄盛前来迎接，口气十分傲慢。

李玄盛心中虽怪，仍准备前往，效谷县令张邈和宋繇却阻拦说：『索嗣小人得志，大人再不可受其愚弄了。段业昏庸无能，定是受了索嗣的挑拨，方才罢去大人的官职。眼下大人兵权在握，他们方有一点顾忌，如若大人这般轻往，为其所制，只怕悔之不及！』

李玄盛犹豫不定，宋繇又道：『时下世道昏乱，君子遭殃，小人得道，大人何必妄称什么君子呢？大人若能振臂一呼，建立大功，再行君子之道于天下，方是大丈夫所为。如大人再行妇人之仁，请恕在下就此告辞。』

效谷县令张邈接道：『人心不古，世事难料，大人若能惩恶除奸，何需拘于小节？索嗣无德无能，若是由他接任这太守之职，百姓受苦受难的日子就不远了。望请大人为敦煌百姓着想，切勿轻率从事，任人宰割。』

李玄盛被二人的话语打动，心绪难平。他沉吟多时，终于下定了决心，说道：『你们二人说得没错，我自认诚心对人，谁料竟会如此。看来对付小人之辈，实须小人之道方能奏效。我的心已经凉透，看来世事得失，远没有人们想象得那么简单啊。』

李玄盛出动军队，打败了索嗣的人马，又向段业呈文为自己开脱，言语颇有激愤之词。

段业又陷入迟疑，这时和索嗣有仇的另一位将领沮渠男成趁机进言说：『李玄盛乃一边关大将，平白无故受了索嗣的诬陷，有些冲动也可宽恕。大王为天下着想，不如将那索嗣斩首，一来可安抚李玄盛，不令其心生异志，二来又可除去索嗣这等奸恶小人，以昭大王重贤之名。』

兵败逃回张掖的索嗣，万没料到害人不成，自己却反遭人害的结果，直到段业派人前来诛杀他时，他才痛哭流涕地说：『我这一死，却成就了李玄盛之名，难道他就是一个真实的君子吗？我料定李玄盛必反，请将我的话转告大王。』

后来，李玄盛见时机成熟，遂自立为王，建立了西凉，417年去世，被国人上尊号为『武昭王』。

【品读】

鬼谷子说过：『在没有看清对方之前就去游说的人，定会事与愿违，在不掌握实情的时候就去游说，定然没有好结果。』索嗣搬起石头砸了自己的脚，害人不成，自己却反遭他人害。由此可见，人无论是选择做君子，还是做小人，都要掌握历史发展的规律，逆时而动，一定会引来灾祸。历史是无情的，君子并不一定斗不过小人，小人也有遭到报应的时候。

一一、不识小人的魏其侯

灌夫是西汉景帝时候的将军，平生疾恶如仇，性情刚直，他不仅不去奉承人，反而故意侮辱地位在他之上、为人卑劣之人。对于贫贱之士，只要是为人正直的人，灌夫却能恭敬有加，不敢丝毫怠慢。

景帝时，魏其侯窦婴贵为大将军，势力显赫，门庭若市。满朝文武之中，唯独将军灌夫不去巴结窦婴。不仅如此，灌夫还对别人说：『人们趋炎附势，丑态百出，正人君子怎么可以做这样下流无耻的勾当？』

后来，灌夫的话传到了魏其侯窦婴的耳朵里，他找了一个机会，当面质问灌夫：『将军不喜和我结交也就罢了，为何还要贬损那些前来拜见我的人呢？』

灌夫直言道：『大将军位高权重，势利小人才会无耻攀附。若是大将军一日无权，还会如此风光吗？在下今日提醒大将军，自盼大将军不要为小人所惑啊。』

窦婴心中不快，说道：『你所说的小人到底是谁？能否为我指出一二？』灌夫随口便说：『田蚡。』

田蚡是孝景皇后的弟弟，此时还只是个普通郎官。他为人奸险，工于心计，表面上却处处表现出谦谦君子的样子，对窦婴更是谦卑有加，媚态十足。

田蚡总是说魏其侯爱听的话，所以，魏其侯非常喜欢田蚡，对他非常信任。灌夫一说出田蚡的名字，窦婴就摇头说道：『你若是说别人，我还可信你一次。若说田蚡，我只能笑你狂妄无知了。你这样率性而为，出口无忌，我还能责怪你什么呢？只是希望你能有所收敛，否则后患无穷啊。』

灌夫一笑置之。对于他的这种行为，灌夫的一位挚友深以为忧，且反复劝他说：『兴衰之道，世之常情，将军何以颠倒至此呢？要知尘世之中，官场之上，趋炎附势本是常事，亦是迫不得已的事。一个人显达的时候可以装模作样换取名声，一个人平庸的时候一定要顾忌阴险小人的行为。这都是情之所迫啊，你为何如此不识时务？』

灌夫叹息说：『我行事磊落，不屑与小人为伍。纵然小人当道，我也决不与之周旋。』

后来，窦婴失势，田蚡当了丞相，朝中文武都转而巴结田蚡，灌夫又反其道而行主动和窦婴交好，窦婴至此感慨地说：『人之荣辱，一至如此，将军的品德，这会儿才显现出来了。』

他们至此变得无比亲密起来。有人提醒灌夫说：『将军身处下位，这会儿不去交结丞相，却和失势的窦婴为善，这哪里是为官处事之道呢？纵然这是君子的行为，可对你又有何益？』

灌夫不以为然，而且还经常斥责别人说：『世道人心，都是你等小人所败坏的。我虽不敢自称君子，却也愿效仿君子之所为，岂是尔等所能窥测的！』

田蚡小人得势，骄横异常。灌夫在一次酒宴上，故意出言不逊，讥讽田蚡，结果被田蚡抓住把柄，关进牢中。

窦婴为灌夫四处奔走，他的夫人对他说：『灌将军和丞相作对，人人唯恐避之不及，你又何必蹚这个浑水呢？你已失势，非比从前，只怕救人不成，反要祸及自身了。』

窦婴哀声说：『我悔不该不听从灌夫之言，让田蚡这个奸恶小人爬上如此高位，祸国殃民。如今灌夫又被此贼所害，我怎能袖手旁观？这样一来，别人会怎样说我？』

窦婴的夫人哭道：『眼下保命要紧，你又何必在乎别人怎样说你呢？你有权有势时，固然可以当君子，如今失势无权，当回小人又有何妨？情势如此，你万不可学那灌夫的样子啊。』

窦婴心有所动，可还是不忍如此行事。最后，灌夫不仅仍被处死，窦婴也因救助灌夫获罪被杀。

【品读】

只要有人群的地方，就会出现人际关系，鬼谷子说：『或者用道德相结合，或者用朋党相结合，或者靠钱物相结合，或者靠美女相结合。要想推行一种主张，就要做到想进来就进来，想出去就出去；想亲近就亲近，想疏远就疏远；想接近就接近，想离去就离去；想聘用就聘用，想思念就思念。就好像母蜘蛛率领小蜘蛛一样，出来时不留痕迹，进去时不留痕迹，独自前往，独自返回，谁也没法制止它。』

其实，这是一种处理人际关系的高级境界。魏其侯就是身在高位的时候，没有警惕身边的小人，所以最后终于被小人所害。不可否认，人的际遇和处境不同，人的价值取向和处事方法也都会截然不同。所以，鬼谷子提醒人们，在处理人际关系的时候，要掌握主动权，对于隐藏在身边的小人，必须透过表面，看清他们的真面目，识破他们做出的种种假象，即使是与人疏远，也要做到没有痕迹，才能远离祸患。

一一、至死方悟的刘文静

隋朝末年，刘文静担任晋阳县令，此时裴寂任晋阳宫监，两人交往频繁，相交十分密切。一次，他们夜晚遥望城上烽火，裴寂感叹地说：『我等职位低微，又逢乱世，真不知道何时才能赢取富贵，光宗耀祖？』

刘文静却笑着说：『君子以德为要，只要无愧于心，忠义为人，官职高低又算得了什么？难道位卑就是低贱？我并不以此为憾。』

裴寂苦笑着反驳说：『你现在说说尚可，只怕有朝一日，面对大富大贵，这话就不好讲了。老实说，谁不盼着显达荣耀？若能如此，我是不在乎别人说我什么的。』

刘文静的另一位好友对裴寂十分反感，他总是在刘文静面前说裴寂是个势利小人，并不可靠，他还强调说：『贪恋富贵，渴望显达，没有人比裴寂更热衷的了，我看此人心术不正，必会为此不择手段，你可要防范些才好。』

刘文静此刻对裴寂并没有过多的想法，他只是一叹说：『位高权重者，必有德行之亏，不过这跟我等官小之人，扯不上多少关系。裴寂和我乃君子之交，毫无利害冲突，我为什么要戒备他呢？』

刘文静、裴寂投靠李渊反隋之后，都受到了重用。李渊建唐，刘文静的官职竟远在裴寂之下。刘文静心绪难平，有人便对他说：『你的才干和功绩，有目共睹，可还是不如平庸的裴寂受宠，你知道这是为什么吗？』

刘文静动容说：『皇上用人不当，也是难免的事啊，我又能怎样？』

那人连道不然，还低声说：『你直言无忌，自认有理有节，便要力争；你修身养德，自认德高者人重，遂不用计谋，这不仅会招至小人怨恨，更会让皇上不喜，这哪里是荣显者所为？你再不改过，只怕升迁无望，祸患也埋下了。』

刘文静愤然而起，大声说：『都怪我不识裴寂的小人嘴脸，倒叫他今日猖狂。皇上都是让他蒙蔽了，我一定面谏皇上，铲除这个奸人。』

那人又忙阻止说：『始作俑者，是你自己所为，又何必怪他？若你这般行事，祸患马上就来了。何况自古天子向来不以德看人用人，你又何必自讨没趣、授人口实呢？』

刘文静忍耐不住，仍然入宫。他向皇帝直言裴寂的种种缺处，还抱怨说：『陛下开国不久，自当亲贤人而远小人，如此方能久享太平。』

李渊心中有气，一待刘文静走后，他竟狠声说：『刘文静居功自傲，气焰嚣张，他真的就不怕我杀了他吗？』

刘文静心中不服，牢骚满腹。他在与弟弟刘文起一起饮酒时，不仅大声痛骂，而且还拔出刀子狂砍屋里的柱子，说要杀死裴寂，为朝廷除奸。刘文起吓得脸上色变，抱住他哭声说：『哥哥心中委屈，可也要慎言保命啊。哥哥自命君子，又何必和小人争个高下？哥哥若是看不惯世事，我陪哥哥一起退隐山林如何？』

刘文静哀声道：『我非全为自己，我是为世道不公而心焚呀！皇上不该这样对我……』

刘文静的小妾失宠，她偷偷地把刘文静的牢骚话告诉了她的哥哥，她哥哥为了邀功取赏，便以刘文静谋反为名告发了他。

裴寂、萧瑀受高祖指派，审理刘文静一案。裴寂趁机向高祖进言说：『刘文静一向清高自傲，以君子自居，对朝廷不敬，这样的人纵是声名再高，对陛下又有何用？时下天下刚刚平定，怀有不臣之心的大有人在，陛下若是杀了刘文静，当是对天下人的最好警戒。』

高祖沉吟片刻，连连点头。他下令杀死刘文静，把他全家没为奴隶。刘文静临刑之时，仰天而叹说：『飞鸟尽，良弓藏，此言不虚也。可笑我根德有亏，如今却偏偏死在了德上，难道这才是真正的天理吗？』

【品读】

鬼谷子认为：『在没有看清对方之前就去游说的人，定会事与愿违，在不掌握实情的时候就去游说，定然没有好的结果。只有了解情况，依据实际确定方法，去推行自己的主张，才可以出去，可以进来；可以进谏君主，坚持己见；又可以放弃自己的主张，随机应变。』

刘文静并没有看清楚皇帝的心思，而是盲目地向皇帝直接进言，来表达自己的赤诚之心，不但没有扳倒小人，却反遭其害，这是一种需要吸取的教训。在没有看清楚上司的心思的时候，不要盲目进言，否则反受其害。

一三、杨愔的杀身之祸

北齐的重臣杨愔忠孝双全，志向不凡，为人称颂。他年轻时屡受磨难，面对死亡的威胁和名利的诱惑，始终不改其志。

杨愔的堂兄杨幼卿任岐州刺史时，每每直言上谏，且引以为豪，杨愔却深以为忧，他对杨幼卿说：『你的抱负和为人无可挑剔，可也要讲究一些方式、方法。你无论何时何地都贸然直谏，言词激烈而有失婉转，皇上看了怎会舒服接受呢？这只会给你带来祸患啊。』

杨幼卿争辩说：『皇上英明，自然体会我的忠心，何况君子为人，又岂能学那小人行径？正邪不两立，忠奸本分明，这和方法策略有何相干呢？』

杨愔还是耐心解释，杨幼卿却说：『我们都以小人为敌，如果我这样做不好，我相信你的方法也不会让你永保平安。记住我的话，除非你改弦更张，做个小人吧。』

杨幼卿后来因直谏被杀，杨愔悲哀不已，得了重病。他在赶往雁门温泉治病途中，一路仍是为堂兄的惨死而饮泣，同行的家人不停地劝他说：『此事当为借鉴啊。他不听你劝，方有此祸，你就不要再伤害自己了。』

杨愔惨声道：『我一是为他，也是为我自己而流泪呀。我们同为兄弟，志同道合，如今他舍我而去，想起他先前说过的话，能不让人心寒吗？世道如此不平，好人真的就该死吗？』

在雁门温泉，杨愔收到和他同殿为官的郭秀平的来信。郭秀平嫉妒杨愔的才能，在信中恐吓他说，皇上也要对他下手，劝他逃走。杨愔信以为真，把自己的衣帽丢弃在水边，做出自己被淹死的假象。他改名换姓，自称刘士安，在嵩山隐居。后又逃到海岛，以教书为业。

权臣高欢对杨愔的才能十分赏识，得知杨愔未死的消息后，马上派人去接他回朝。杨愔就此事去和暗中帮助他的光州太守王元景相商，王元景说：『事情既已真相大白，原是小人作怪，你就不要在此受苦了。你一身才华，本该为国效力才是。』

杨愔怅怅道：『朝中小人当道，我等又有何为？我是不想当官了。』

王元景多方劝说，最后道：『你足智多谋，为人稳重，谅小人也害你不得。』

有了高欢的庇护，杨愔安然无事，官运亨通。杨愔放松了戒备，他的一位好友却提醒他说：『我们做好人的，终是小人的眼中钉。你眼下虽然无恙，他日难说没有风险，我们还是想个万全之策为妥。』

杨愔一笑说：『现在丞相当权，高欢对我信任无二，我还怕什么呢？』

杨愔的朋友忧心忡忡地说：『高丞相终有百年之日，我们凡事筹划在先，终不为过。』

杨愔摇头又笑，并不在意，他自得地对好友说：『以我的智慧，虽不能说治国安邦，自保还是足够了。』

北齐孝昭帝乾明元年二月，荣显多年的杨愔终因小人进谗无端被杀。他临死自语说：『世不容君子，非我智不及也。』

【品读】

祸患的产生，与一个人的处世态度和方法大有关联。杨愔在第一次安全受到威胁的时候，制造死亡的假象，避祸深山，逃过了一次劫难，但是，在第二次受到丞相的庇护时，却忘记了居安思危的教训，不能急流勇退，所以造成了无端被杀的悲惨结局。

如果遵循鬼谷子的教诲，即使受到了朝廷的重用，也要有所防范，如果发现自己的处境危险，应以急流勇退为上策。

一四、媚上专横的高肇

高肇是北魏孝文帝皇后高氏的哥哥，宣武帝元恪对高肇这个舅舅格外施恩，即位不久就任命高肇为尚书右仆射、冀州大中正等要职，信任有加。

高肇初登高位，留心政务，孜孜不倦，显得格外忙碌。他的弟弟高显一次对他不解地说：『我们乃皇亲国戚，皇上信任我们，你大可不必这般劳苦啊。』

高肇教训他说：『正因如此，我们才不能失去皇上的宠爱，这是我们的命根子。让皇上喜欢，有多种方法，我勤于政事，尽忠职守，这是皇亲纨绔子弟所最缺的，皇上知道我这样，他能不对我另眼相看吗？』

宣武帝初年，六辅元祥、王肃、元嘉、宋弁、元禧、元澄专政。高肇野心勃勃，表面上却对他们极力巴结，恭敬备至。他反复告诫他的兄弟们说：『他们都是握有实权的人物，我们切不可自恃皇亲，得罪他们。并不是我们怕他们不提拔我等，我是怕他们说咱们的坏话，让皇上生疑啊。』

咸阳王元禧谋反被杀后，宣武帝对群臣动容地说：『皇族骄纵，放胆胡为，致有此祸。高肇一心为国，勤政爱民，他是你们的表率。我要将政事托付给高肇，如此我才能放心。』

高肇骗取了大权之后，他的小人面目立时显现了。他结党营私，培植自己的势力。依附他的人不久就能获得提升，否则他就捏造罪名将其杀害。

高显见群情激奋，十分惶惧地对高肇说：『哥哥做事也太绝情了，哥哥就不怕群臣非议？我以为还是收敛些好。』

高肇冷笑声声，板着面孔说：『你知道得太少了，心又这么软，如何能干大事？我想皇上刚经乱事，必不会怪我手法严厉，再说我初握权柄，若不培植亲信、剔除异类，又怎样树尊立威、消除隐患呢？我高高在上，下面的人纵是对我百般怨恨，又能把我如何？』

高肇看出宣武帝因元禧造反，对皇族中的众亲王产生了怀疑，于是他多次对宣武帝说：『陛下仁慈，众王爷才敢放纵妄为。时下他们虽然有些恭顺，陛下也不可为其迷惑啊。臣以为陛下当为国家久安着想，对他们不能不加以防范了。』

面对高肇的建议，宣武帝也有些不忍，他说：『他们都是皇亲，又无明显的罪失，怎好加以责罚？若是招来天下议论，也是国之不幸，此事容后再议。』

高肇故作惶恐道：『如果这样，陛下您就很危险了。』于是，高肇编造了众亲王的种种罪行，他还煞有介事地列举了他的同党对此事的所谓『公议』，坚决请宣武帝惩治众亲王。最后，高肇痛哭流涕地说：『陛下若不能狠下心来，做臣子的也只好说到这里了，不过，请容臣把他们软禁起来，以保陛下平安。』

宣武帝当面赞许了他的『忠心』，众亲王顿时失宠，高肇借此铲除了他的劲敌，朝政大权完全被他操纵。

宣武帝死后，高肇日夜悲哭不止。家人劝他节哀，他却连声说：『我为皇上哀哭，也为我的安危忧心呐。新帝是否信任于我，我全然不知，难道还有比这更危险的事吗？』

高肇的担忧很快得到了验证，他入宫哭祭宣武帝过后，在宫中就被刚刚继位的明帝派人用绳子活活勒死。尽管他的死党众多，但是也都在一夜之间，被革去了官职和爵位，一并加以铲除。

【品读】

祸患的产生有多种原因，人际关系处理得好坏便是其中之一。在封建专制时代，上司决定着下属的命运，和上司搞好关系就显得大为重要，这是避祸的关键所在。有鉴于此，鬼谷子曾经提示：当国家的局面纷乱不安，没有看清楚事态发展方向的时候，不要为了一己之私，盲目地进言，这样虽然能够得势于一时，但是最终却使自身难保。

一五、徐爰的保身术

南北朝时，徐爰身为刘宋王朝的大臣，一向善于谄媚，颇有心术。他惯用不同的手段来应对不同的君主，因此荣耀一时。

太祖刘义隆时期，在侍奉皇上、咨询朝政时，他往往故作高论，生拉硬扯地把无意义的事说成是有意义的事，还能找出典籍诗文作根据，刘义隆特别喜欢他。熟知内情的人对徐爰的做法颇有微词，有人便责备他说：『你故弄玄虚，玩弄聪明，可是读书人治学之道？治国就更危险了，这样的事君子是不做的。』徐爰也不隐瞒，他自得地说：『标新立异，超越常见，是一种智慧，也是解厄脱困、荣显邀宠的必备本领啊，这不是可有可无的。只要于事有补，聪明人不会计较是否为君子言行。』

前废帝刘子业为帝之时，朝中大臣人人自危。刘子业残暴凶恶，行事荒谬绝伦，徐爰却一味表示赞颂，从不违逆他的旨意。有人说他卑鄙无耻，毫无忠心，他却反驳说：『我能活着，全凭如此，我还能听你一言，自寻死路不成？皇上做什么都是对的，错的只是我们当臣子的。』

刘子业将朝中的旧臣多半诛杀或罢黜，只有徐爰深得他的宠信，并且不断地加官晋爵。景和年间，亲王刘彧被刘子业迫害，饱受屈辱，徐爰为了讨得刘子业的欢心，对刘彧十分轻慢。刘彧当上皇帝后，徐爰马上感到大祸临头，紧急和心腹商讨对策，以求保命之法。

徐爰的心腹对他说：『皇上一定不会放过你，什么办法都是无用，我们还是马上逃亡吧。』

徐爰双腿颤抖地说：『皇上深恨于我，我们能逃到何处？这样必死无疑，且有灭门之祸，逃亡是行不通的啊。』

徐爰的心腹听他这么一说，立时大发悲声，有人回家之后，便畏罪自杀了。徐爰听此消息，心中惶乱，他苦思一夜，给刘彧写了一份罪己的奏书，他在奏书上说：『臣先前有辱陛下，罪该万死。臣当时那么做，一来为了邀宠，二来也是为了显示小人得志的威风。臣枉读诗书，一向玩弄小聪明，自以为骗得了天下人等，却仍是奸行败露，报应不爽。臣不敢恳求陛下饶恕我这个奸恶小人，但求表明心迹，让陛下稍解心恨。臣苟活至今，在旧臣中已属侥幸，只盼来生报效陛下，以赎今生之大罪。』

刘彧看罢徐爰的奏书，久不作声。他原本恨死了徐爰，这会儿竟对身边的人说：『徐爰是个什么人呢？』刘彧的左右都想不出该如何回答这个问题，面面相觑之后，他们异口同声地说：『徐爰奸险恶毒，早就该杀。更可恨的是他竟在陛下危难之际，落井下石，助纣为虐，这就更容他不得了。』

刘彧的脸色逐渐缓和下来，然后，长叹一声，说道：『此贼已成丧家之犬，难得他竟有自知之明，朕要取他的性命易如反掌，如果我真的这样做了，反倒显得朕没有容人之量了。』刘彧的左右都劝他不要留下这个小人，可是，刘彧不听，他没有杀徐爰，只把他贬到外地为官，此举大出朝野人士的意料。

徐爰逃过死劫，事后他对家人说：『我自辱如此，自责已极，这是皇上想不到的。当初，皇上也是靠这样的办法渡过了险关，我这样做，是让皇帝想到自己当初的可怜相，因此，他才会可怜我啊。』

【品读】

鬼谷子认为，『在没有看清对方之前就去游说的人，定会事与愿违，在不掌握实情的时候就去游说，定然没有好结果。』生活中经常会发生这样的事情：一个被自己当成死老虎的人突然身价倍增，成为自己的上司，掌握着自己的命运，面对突然降临的灾祸，应该如何化解？这不仅关系到身家性命，也是一个人成败的关键环节。在这样的情况下，不要盲目地游说，触犯上司的尊严，上司的权威是不容反驳的，任何申辩都可能会被看成是对上司的冒犯和挑战，只有装出自责可怜的样子，才有可能让强者对自己不屑于下手，以此来博得上司的同情。通过满足上司的虚荣心，从而减少上司对自己的仇恨心理。

一六、转祸为福的施文庆

陈朝陈叔宝当皇帝时，施文庆特别受到他的信任。施文庆聪明狡诈，一旦握有大权，便大肆搜刮，贪得无厌，目空一切，王公大臣都十分厌恶他。

一次，群臣私下里准备联名弹劾施文庆，施文庆探知此讯，便和他的同党沈客卿、阳惠朗等人密商对策。讨论了一夜，施文庆才最后定下方略，他说：『这些人一心要置我于死地，我如有丝毫退让，那就只能一败涂地了，所以说，息事宁人的办法和主动请罪的计谋皆不可取。在我看来，只有抗争到底才是出路，若是再给他们加上嫉贤妒能、栽赃陷害的罪名反守为攻，转移人们的视线，这才是上上之策。』

沈客卿、阳惠朗等人连声叫好之后，不无担心地说：『此计甚妙，不过若要实行起来，让皇上相信，也不是件容易的事啊，大人应该从何下手呢？』

施文庆胸有成竹地说：『成败的关键在于皇上是否相信我的说辞，我已想好一法，那就是你们也上书弹劾我；一旦皇上动问，你们照我说的回答就是了。』在施文庆面授机宜之后，沈客卿、阳惠朗等人方豁然开朗，不停地点头。

第二天，沈客卿、阳惠朗等人抢在群臣之前，弹劾施文庆贪赃枉法等多项大罪，陈叔宝惊讶之下，颇为疑惑地对沈客卿、阳惠朗等人说：『你们不是施文庆的好友吗？为什么一夜之间突然反目成仇了？』

沈客卿、阳惠朗等人故作惊慌之态，嗫嚅道：『施文庆不提拔我们的官职，我们所求之事他又屡屡回绝，他哪里是我们的朋友？我们想他位高权重，挥金如土，不贪赃受贿是不可能的事，故而弹劾他。』

陈叔宝本来就偏爱施文庆，一听此言却笑着说：『原来你们是猜忌他呀。』

陈叔宝随后脸色一变，厉声道：『你们出于私怨，挟私报复，朕险些中了你们的诡计。』

事后，施文庆求见陈叔宝说：『臣为陛下厚爱，方有此祸啊。现在连我的朋友都忌恨于我，何况别人呢？我想这不是陛下所能压制的，不如我辞官不做，别人也自然不会和我为难了。』

陈叔宝嗔怪施文庆胆小怕事，他安慰施文庆说：『此后若再有人弹劾你，自有朕为你做主。一心为国者受此诬陷，朕自信不是昏君，他们又怎会得逞呢？你放心好了。大胆做事，切勿灰心言退。』

就在施文庆亲手导演了这一场双簧之后不久，群臣联名弹劾施文庆的奏书奏上，陈叔宝在殿堂之上对群臣说：『我现在是深信忠臣不易了。』

陈叔宝不仅严斥了百官，还当场罢免了几个领头弹劾施文庆的大臣的官职，说他们怀私诬陷，图谋不轨。为了表明他的『圣明睿智、赏贤罚恶』，陈叔宝还当场升了施文庆的官职，朝政大权几乎全都托付于他。

群臣想不到会有这样的变故，纷纷惶然无措。退朝之后，有几个怕事者急忙给施文庆认错赔礼说：『我等一时受人愚弄，愧悔难言，大人可否饶恕我们？』

施文庆奸笑声声，教训了他们一番之后，又得意地说：『转祸为福，本来我也不曾想到，不过，正是你们的苦苦相逼，反而让我精通此道了，难道这不是天大的幸运吗？我倒是很佩服自己临危不乱的能力呢。』

【品读】

施文庆以退为进，巧妙地躲过了一场灾难，他之所以能够转祸为福，是因为他已经揣摩透了皇帝的心思。顺着皇帝的想法，利用假象来蒙蔽皇帝。看来，在官场中，只有像陀螺一样圆滑的人，才能够躲过灾祸，永远立于不败之地。

一七、善变的臧质

南北朝时的宋朝，臧质在担任江夏王刘义恭的抚军府参军之职期间，行为轻佻，不加检点，多次被人弹劾。臧质的死党害怕与他一同遭祸，劝他行事不要太过乖张，并惶恐地说：『大人只与达官贵戚结交，这固然可以带来好处，可一旦祸事来临，他们为了荣华富贵，岂会真心保你？』

臧质自觉有理，便向他请教，他的死党又进言说：『当今皇上善听谏言，那些谏宫便显得十分重要了。祸从哪里开始，我们便从哪里下手，以我之见，大人当费些精力，多与谏官交结，也免得他们对大人说三道四。』

臧质的父亲臧熹是宋武帝刘裕皇后的弟弟，臧质平日胡作非为，多是以此为倚仗。当他听了让他交结谏官之言后，臧质反而阴冷地一笑说：『那些谏官平日以君子自居，个个道貌岸然，我一看见他们就气得不行，怎会巴结他们呢？我是皇亲，谅他们的谏言也不会把我怎么样。』

他的死党却不停地摇头说：『大人不该如此固执啊。每个人都有他的用处，谁都不能小看。』

臧质拒不听劝，结果在谏官们不断的谏言之下，宋文帝终于下令把臧质降为给事中，以示惩罚。经过了这次教训，臧质变得乖巧了，他对他的死党说：『悔之无用，我欲东山再起，该去交结何人呢？』

他的死党给他指出了一个人：『长公主贪财，又深受皇上信任，只要大人舍得钱财，将她买通，就不再有什么难事了。』

于是，臧质带着一份厚礼，去求见长公主刘楚玉。刘楚玉对他并无好感，几次拒绝见他，臧质最后忍耐不住，私下里大骂长公主，并恨恨地说：『我就是死也不去求她了，那种羞辱真比死还难受啊。』

臧质的死党见他发泄怒气，便放声大哭，号啕不止。臧质追问之下，他才哀声说：『你不听人劝，已然失手，今日你若重蹈覆辙，将来的事情就只能更惨，我是为你痛惜伤心哪。』

臧质心中一凛，头脑却清醒过来。他感到了自己的危险处境，忍气吞声，多次求见长公主，虽然一次又一次地碰壁，但他并不灰心，对长公主的手下也多有贿赂。

在他的多方努力之下，长公主终于接受了他的重金，在宋文帝面前为他说情，使他得以出任建平太守。

臧质担任太守期间，一改先前的小人嘴脸，变得礼贤下士，举止庄重，熟识他的人深以为怪，连宋文帝都对他另眼相看了，认为他能改过自新，可以担负重任，遂提升他为徐、兖二州刺史，加授都督。

在刺史任上，臧质又露出了本来面目，他赤裸裸地对其死党说：『我压抑自己，与人虚与委蛇，这滋味太难受了。好在我的苦心没有白费，现在我要干我自己想干的事了。』

他又开始奢侈无度地生活，赏赐下属也是任性胡为，毫无章法，后来他又被谏官弹劾，只是恰遇大赦才免于处罚。

【品读】

臧质利用自己善于伪装、随机应变的手法获得了皇帝对他的信任，但是这并不能改变一个人的本性。像臧质这样的小人，不会计较别人的好坏，只会考虑自己的得失；他们不会抱住一个观念不放，只会因时而变、随时调整自己的交结对象。他们这样做的目的只有一个，那就是利用他人，为自己捞取好处。在现实生活中，当我们的身边出现了这样的人的时候，我们就要时刻提高警惕，以免上当。

一八、上官安的谋略

上官安是汉武帝时期的重臣上官桀之子，这个人本是一个骄纵浮华之徒，做事不知忌讳。上官桀多次教导他说：『欲成大事，必欲克己有惧。像你这样任性胡为，恶名远播，又怎能让人拥戴呢？这样做是每个成事者的大忌啊。』

上官安虽然骄纵，但人却非常聪明，从此他换了一副面孔，极力和有贤名的人交结，对人也客气多了，故意做一些扶贫济困的事，来增加他在社会上的美誉。

上官安的名望日增，上官桀便为他撮合，娶了霍光之女为妻，两家联姻。上官安先是不愿，上官桀就教训他说：『我和霍光同为重臣，你娶了他的女儿，我们上官家的富贵就多了一层保障，起码也不会和他闹翻了，对你更有天大的好处。』上官安心领神会，不仅马上答应成亲，而且婚后更是百般讨好妻子。

汉昭帝即位时年仅八岁，他的姐姐盖长公主留居宫中，照料昭帝。盖长公主年轻寡居，私下和他儿子的朋友丁外人相好。上官安知道这件事后，全力和丁外人结交，不惜重金陪丁外人寻欢作乐。上官安的心腹手下看不下去，便对上官安说：『大人一家权贵无比，为何对一个丁外人如此恭维呢？』

上官安却说：『正因我家势力显赫，我才要处处小心，多结善缘啊。丁外人受公主私幸，人又聪明过人，和这样的人打交道，我只能增长见识，受益匪浅，这不是一般人所能遇见的。』

上官安的女儿六岁时，他为了能让女儿当上皇后，恳求霍光促成此事。霍光认为外孙女年纪幼小，没有答应。上官安并不气馁，他找到丁外人，讲了自己的愿望；为了让他全力相助，他还不无诱惑地说：『人无远虑，必有近忧。大人若是能助我女儿当上皇后，我们父子在朝执政，再倚重皇后权位，还有什么事办不成呢？你深得公主欢心，到时我们父子再提议，封你为侯，汉朝有个惯例，列侯可以娶公主为妻，你的心愿不也会达成了吗？你是个聪明人，自知此事对你我都大有好处。』

听了上官安的一番话，丁外人心中大喜，便多次在盖长公主面前提及此事，他还故作忧心之状说：『上官桀父子同为重臣，此事若不应允，就会因此得罪了他们，结下仇怨。我们固然不怕他们，可对我们终无半点好处，弄不好我们两人就再无结合的希望，这才是我最担心的事啊。』

盖长公主一心想和丁外人早日结成夫妻，她也怕上官桀父子从中作梗，无端生事，一想到此事对自己并无害处，她便自作主张，召上官安之女入宫为婕妤，一个月之后又册封她为皇后。

上官安心愿得偿，又被封为桑乐侯，升任车骑将军，一时自认为无须伪装，便开始恢复本相，放纵胡为起来。他受到皇帝的赏赐，出宫后就向门客吹嘘不止，酒后裸体闹事，与他父亲的姬妾也敢打情骂俏。

上官安的这番举动被霍光得知，怒不可遏地把他召来，当面训斥他说：『你一日富贵，就荒淫至此，这是败家灭身的前兆啊，为何如此不慎呢？从前我看你是个君子模样，这才将女儿嫁给你，莫非你本性难移，这会儿就无所顾忌了吗？』

上官安表面认错，心中却十分怨恨。他不思己过，却在暗中唆使燕王告发霍光。此计不成后，上官桀父子又阴谋造反，拥立上官桀为帝。事情败露，上官安并不后悔，他反而遗憾地说：『只怪我操之过急了，若再忍耐一时，也许大事必成。』因此事牵连，盖长公主、燕王都自杀身死，上官宗族也被诛灭。

【品读】

上官安机关算尽，最后却落得一个灭族的下场。像上官安这样的人往往都是绝顶聪明的，他们不会一味地干尽坏事，他们会适时地调整自己的处事为人的标准和方式，不停地捞取对自己有用的东西，同时，他们更会保护自己，因人而异地采取一些与其本心相违的方法行事。小人这种复杂性，非常具有欺骗性，与这种人交往的时候要时刻注意，掌握尺度，要像鬼谷子说的那样：『想亲近就亲近，想疏远就疏远；想接近就接近，想离去就离去。』如果不能掌控与小人交往的主动权，就无法掌握局面，如果能够很好地运用鬼谷子的智慧，则可以拨云去雾，稳操胜券。

一九、高明的刘秀

东汉光武帝刘秀反抗王莽之初，和他一起起事的李轶是个势利小人。刘玄当上更始皇帝后，李轶为了讨好刘玄，不仅背离了刘秀，还参与了谋害刘秀的哥哥刘縯的活动，由此换来了高位。

刘秀对李轶恨之入骨，几次想公开弹劾他，刘秀的手下都极力阻止说：『将军这般公开行事，不仅惩治不了李轶，只会给自己带来祸患。此事乃刘玄指使，他怎么会为你申冤呢？』

刘秀听过此言，强压怒火。在河北站稳脚跟后，开始和刘玄对抗。刘玄派朱鲔、李轶进兵洛阳，牵制刘秀。刘秀手下的大将冯异驻守孟津，他给李轶写信说：『将军本与我家将军一同首举义旗，只因刘玄暴虐，将军才会和我家将军为敌。这不是将军的过错。现在刘玄恶行昭显，天下人等无不深恨其恶，这样的人又怎会长久呢？将军若能倒戈相向，不仅可保富贵，亦能人赞其义，当是两全其美之事。』

李轶正为刘玄的大势已去寻找退路，今见冯异来信，又惊又喜，但他很快又陷入恐惧之中，他和心腹手下商议此事说：『我有心投靠刘秀，可又怕他旧事重提，挟私报复，该当如何处置？』

李轶的部下各怀心事，都想通过与刘秀和解来自保，于是大家一起来劝李轶说：『刘秀乃人中龙凤，不会与将军计较那些旧事，如果将军能立功的话，刘秀也没有理由把将军怎么样。』

李轶思前想后，没有立刻倒戈，而是给冯异写了一封回信说：『眼下时机还不成熟，请转告贵将军刘秀，我愿为他效犬马之劳，如果你们去打刘玄，我决不救他。』

冯异于是放心地打下了刘玄的十多座城池，李轶果然坐视不管。冯异马上给刘秀写信说：『李轶将军知错能改，暗中帮助我军，现在正是用人之际，希望将军不念旧恶，以大局为重，收降李轶。』

刘秀听了之后，面上并没有露出喜色，他知道李轶是一个反复无常的人，如果接纳了他，将会后患无穷。但是，如果不接纳他，又怕让人说成是不能容人，这对招降其他人不利，于是，他招来众将，对大家说：『李轶有心投降，我是不计前嫌的，只要有利于天下安定，我和他个人之间的私怨又算得了什么呢？』

大家听了刘秀的话，都对刘秀的广大的胸怀表示敬意。但是，事后有人来找刘秀，对他说：『李轶投降，乃是军事机密，这件事将军不应该当着大庭广众去讲，万一走漏了消息，岂不坏了招降李轶的大事？』刘秀微微一笑，只说无妨。

李铁私通刘秀的消息很快就传到了朱鲔的耳朵里，他盛怒之下，不容分辩就将李铁杀死。当有人为此惋惜时，刘秀却是喜上眉梢，心中快慰。他的目的就是借刀杀人，既除去了李轶，报了当年杀兄之仇，又没有背上诛杀降将的恶名，遭人议论。

【品读】

君子品行高洁，而小人一向都是见风使舵。刘秀非常巧妙地利用反间计，轻松地除掉了自己的仇人，用小人的手段来整治小人，不仅是必要的，也是十分奏效的方法，刘秀的计策之所以能够成功，关键在于，刘秀知道，对方一定是相互猜忌的，他的成功之处在于他已经掌握了对方的心思，然后利用对方的弱点，一击而中，利用对手将李轶这样的小人置于死地。在复杂的环境中，只有时刻提高警惕，才会不至于被人所害。

本章释评

鬼谷子在第三章着重论述了君臣之间、上下级之间关系的辩证法。鬼谷子指出，上下级之间的关系充满了玄机，有的距离很远却很亲密，有的距离很近却很疏远。有的留任在身边却不使用他，有的离开了君主，反而被思念。

鬼谷子在这一章中主要讲述了如何把握人际关系的主动性，要做到来去自由，始终掌握成功的人际关系和主动权。